U0077748

天下文化

BELIEVE IN READING

陪伴孩子高效學習

陳志恆心理師寫給父母的32個陪伴學習心法
幫助孩子找回讀書自信，掌握滿分策略

諮商心理師、學習輔導專家
陳志恆——著

目錄

PART 1 理解孩子的學習困境

PART 2

點燃孩子的學習動機

PART 3

發展高效學習策略

PART 4

培養孩子熱愛學習

推薦序

再給放棄學習的孩子一個機會

林怡辰（作家、閱讀推廣人）

身在偏鄉教學將近二十年，面對放棄學習的孩子，一直是我每日的日常。

尤其在高年級的課堂上，少說五個，多則一整個班級，注音符號不熟、一位數加減要比著手指還算錯、九九乘法一塌糊塗。表情一副無所謂、趴在桌上一整節、情緒來得又凶又急，那些反抗、受傷、無所謂、唱反調、一觸碰就爆炸、滿身傷的孩子，眼淚，有時留在臉上，更常常躲在心底……

最常見會讓孩子放棄學習的早期不利因素，是低年級被欺負受委屈說不出口，不理解數學題上「哥哥比我高」的難句子，平常和人溝通只能用單詞；最辛苦的，就是家有學霸兄姊，從小不斷被比較，承受毒性壓力，在恐懼裡，大腦啟動「戰或逃」機制，孩子全部心力放在恐懼，大腦完全無法思考；或父母採取放任式教育，使得孩子凡事無所謂；又或是家長過度稱讚，讓孩子發現家長的期望高，擔心自己沒辦法達成他們的想望，選擇不努力，這樣還可以把失敗全部歸咎在「是我不努力」，而非「我做不到」……

幫助孩子相信自己學得好

每個學習挫敗的孩子，背後的原因和故事不盡相同，都得讀懂孩子和家長的脈絡之後，一一紓解，在安穩且心安的關係中釋放，然後大人和孩子一點一點挽著手前進，才看得見可能。

志恆老師這本書就在這樣關鍵的基礎上，剖析了各種學習受挫的孩子的狀況，讀懂孩子背後的害怕、挫折、困難，從找回動機、累積成功經驗、持續練習等方向著手，幫助孩子有新的第一步，和孩子一起找到讀書與學習的理由、陪他看見課業學習的價值。家長要如何幫助孩子相信自己學得好？要怎麼幫助心存焦慮，每逢考試就失常的孩子？讓我們幫助孩子堅持下去，再堅持一點！

我在班級中，會先請孩子寫一封信給數學，表達自己對數學的想法和感受，誠實面對自己學習的現況，請家長一同改變對孩子學習的刻板印象；在課堂上每個單元都變成遊戲化，減少孩子的焦慮；利用小組同學間同儕互學，增加孩子理解程度和互動學習；寫數學筆記、上台分組報告、使用「均一教育平台」讓孩子重新學習過去沒學好的單元……

就這樣，接了新班級一年半之後，有一個孩子告訴我：「我終於敢說我不會了。」那一年半裡，這孩子一直在裝懂，心裡很害怕，每題都亂猜，同學都覺得他錯得太匪夷所思，當這孩子回答問題之後，其他人便會大聲的以語言表現出「鄙視」、「不耐煩」，一次次加重這個循環，久而久之，難以收拾。如果孩子出現這種狀況時，我們對他大聲怒吼、咆哮，出現失望的表情等，只會讓孩子內心「我永遠都學不會」、「我就是爛」、「我根本沒有數學頭腦」的信念不斷加深，心結愈打愈緊。

老師在這一年半裡，每次都很注意自己的反應和回饋：「你不是學不會，只是要多花一點時間。」「這裡錯了，只是表示我們要多學幾次。」「答對很好，答錯也很有價值！」終於，在六年級上學期時，他怯生生舉手告訴我，其實從三年級教分數之後，他就不太懂。

「謝謝你願意告訴我哪裡不會，老師覺得你好勇敢，很佩服你！」儘管心裡狂喜，我還是謹慎的說。當這孩子有了動機，願意坦承自己哪裡不會，著手從那裡切入後，就像坐上子彈列車，畢業考時取得將近滿分的好成績，他告訴我：「我現在有點喜歡數學！」

陪伴孩子找路，父母身教最重要

每個孩子的個性和特質都不盡相同，尤其孩子升上國高中要面對更大範圍、更難的課業，過去依靠小聰明的方式已無法應付，志恆老師在第三章所談的〈發展高效學習策略〉，是身為家長和老師必須知道的陪伴重點，也就是在心理學根基上，建立習慣和後設認知的根本，像自我管理、溫書習慣、讀書計畫、扎實預習、強化理解和記憶、教別人、抵擋誘惑、面對大考的疲乏等。

曾在學校任教的志恆老師當然也為大家解惑最常見的問題：孩子作業寫不完怎麼辦？怎麼讓孩子從小愛上閱讀？怎麼培養深度思考力？到底要不要補習？怎麼安慰考試挫敗的孩子？面對孩子時，給予溫暖、鼓勵，一步一步，再往前一步。

學習當然不只是成績，但面對學習、面對成績，當家長和老師以身作則，評估狀況、思考問題、尋找解方、不斷陪伴孩子找路的過程，其實就是重要的身教。能力不足另當別論，但多數都是遇到困難。在《陪伴孩子高效學習》這本書裡，我們看見孩子心理的困難和需要，還有具體的實作策略和系統化建議，只要再給孩子一個機會，和自己比，會愈來愈好的！

推薦序

學習的疑難雜症，要從理解開始

劉軒（正向心理學家、作家、講師）

我有個老學生，現在擔任美國公立學校的輔導師。他服務的學區有許多華人，多數是第一代移民。

他說，有許多年輕夫妻千里迢迢來追求美國夢，兩人都忙著工作，所以孩子一生下沒多久，就會送回老家請長輩照顧。孩子與父母分開兩地，直到父母經濟條件穩定了、或孩子大一點了，再把孩子接去美國受教育。

但這些孩子，也時常成為他必須輔導的最大難題，各位不難想像為什麼吧？

如果你從有記憶以來就鮮少見到父母，都是由老人家帶大，到了稍微懂事的年紀，又突然一下子連根拔起，換到人生地不熟的異鄉上學，是多麼荒謬的經歷？不但學業上難以適應，往往與雙親的感情也疏遠。父母不知道怎樣對待孩子，要不就打罵、要不就寵溺、更糟糕的是如同之前相隔兩地時一般，對孩子根本不理不睬。

你說，這種孩子要怎麼學習？給他再好的老師、放在最好的學區，也是無藥可救，因為問題不是在學習，而是在原生家庭的失能關係。

美國前第一夫人蜜雪兒．歐巴馬（Michelle Obama）就曾經說：「一個有家庭支持的孩子，更可能擁有自信和動力在學習上得到成功。家長在幫助孩子培養熱愛學習的態度上，其實扮演著至關重要的角色。」

問題是，要如何支持呢？有關教育，似乎每個家庭都有不同的家訓和規矩，到底怎麼做才能幫助孩子真正願意學習，並願意面對學習中必然會有的挫敗和挑戰呢？

這就是本書一開始談的主題，也是個很重要的主題。它的讀者不僅是我前文所描述的第一代移民家長，而是所有家長。

父母是學習系統的關鍵角色

陳志恆心理師在台灣擔任過中學輔導老師和輔導主任，長期在校園第一線幫助許多因心靈受傷而不願學習的孩子，也因此有特別多實際的案例經驗。光是讀這本書中的對話情節，就能想像這些場面發生在你我周遭的任何家庭。

我第一次與志恆見面時，真可說是一見如故。當時他來到我的 Podcast 節目，光聽他分享，我就能感受到他敏銳的洞察力、對輔導的務實態度，以及對學生和家長的同理心。

如今，我很高興看到陳志恆心理師在這本溫柔、精闢又非常實用的書中，還特別探討了「學習創傷」這個相對較少被關注，但卻極具重要性的議題。孩子缺乏學習動機，很多時候並非能力不足，而是他們對學習的認知有了偏差。內心創傷才是真正的主因。唯有體會孩子心裡的無聲吶喊，才能幫助他們找回失去的學習動機。

這本書深入探討孩子學習過程所面臨的各種困難，志恆的分享與見解為老師、父母和孩子提供了珍貴的建議，來幫助理解孩子學習不佳背後的情緒原因。有時候這些原因出乎意料，例如原本優秀的學生讓自己的課業退步，因為這樣就會得到雙親的關注，而父母只要關注他，就暫時不會吵架了，所以他的學業落後，其實是為了贏得家裡的和諧。還有孩子可能因為從小被身邊長輩封為神童，深深害怕讓大家失望，因此刻意避免面對挑戰，以逃避來維持人設。

在這個瞬息萬變的時代，每分每秒都有新知識，也因為這樣，我們能做的就是不斷與時俱進、實踐終身學習。學習這件事，其實已經成為像呼吸一樣的基本生存條件。也因此，千萬不要讓任何孩子把「不會讀書」、「就是學不會」這樣的標籤，貼在自己身上。

《陪伴孩子高效學習》這本書雖然參考了許多教育理論，但是寫得非常淺顯易懂，而且透過故事和對話，讓不同背景的家長都能有所收穫。其實我認為，志恆老師最希望做的，不只是改變孩子的學習習慣，而是擦亮父母的眼睛，讓他們看到自己也是整個學習系統中的關鍵角色。

當我們看見孩子在學習道路上的掙扎與挫折，反映的是背後的情緒創傷和應對方式，應該也讓我們明白，做為家長和教育者，不能只講究結果，而更是要照顧每個孩子學習過程中的內心狀態。孩子們如同夜空中閃爍的星星，都有屬於自己的光芒，等待被發現與點亮，我們要幫助孩子克服內心的創傷，讓他們知道自己被理解，才能面對學習中的困難，並勇於嘗試、探索、持續成長。

孩子可能會迷失在學習的迷宮中，看似失去動力，而如果你身為父母，在旁百思不解，那這本書可以提供一些重要的觀念和提醒，協助你適當的引導與陪伴，讓孩子找回對學習的積極態度，喚醒內在動力，並實現自己的潛能。

一切，都先從理解開始。

自序

守護孩子的學習熱情

成長過程中，我的課業表現向來優異。這都得要感謝父母從小督促我讀書，養成我每日定時讀書的習慣。每天回家後，我一定會再複習一遍當日學習的內容，除了老師指派的家庭作業，也會額外做習題或測驗卷。這麼做，確實為我帶來不錯的成果。

國小階段，我的成績就名列前茅。上國中前，父母即不斷叮囑，國中課業內容較深難，必須更用功。於是，我比過去花更多心力在學習上，第一次月考就獲得全班第一名。欣喜若狂之餘，也明白原來只要夠用功，就可以獲得佳績。

從此，我一直保持高昂的學習意願，每天堅持花時間鑽研課業，也因此，國中三年六個學期，都是全班第一名，最後以市長獎的成績畢業，並考進第一志願高雄中學。

我當然明白，能進入雄中的同學個個都是學霸，在這樣高手如雲的環境，我絲毫不敢懈怠，每天花更多時間溫習功課，同時也跟著同學參加校外補習。

沒想到，第一次月考我便踢到鐵板。

當時，我的各科成績已經不是九十九、一百分了，反而大多落在七十、八十分。印象深刻的是數學竟然只考了二十六分。我簡直不敢相信，但事實逼著我只能接受。

我無法理解，數學是我上高中後花最多時間的科目，成績竟然如此慘不忍睹。我深自檢討，想不透問題在哪裡，直覺是我不夠用功。於是，接下來花更多力氣在數學上，只要有空就不斷演算數學習題，甚至在某些任課老師沒那麼嚴格的課堂上，也在偷偷算數學。

就這樣，第二次月考，數學成績終於及格了；但因為是低空飛過，我仍不滿意！

我看著班上幾位學霸，想著，為什麼他們這麼會讀書，總能考到好成績？我的課業表現雖然不差，但卻無法更好，為此常感到洩氣。

除了數學，其他科目也在拉警報。

我明明花很多力氣背誦英文、史地或生物等科目，但常常讀過就忘，各種名詞和概念常混淆在一起，這在國中時期是不曾發生的。

除了愈來愈沒辦法記住書中內容，儘管我花再多時間背誦，也常常無法讀完所有考試範圍。這讓我焦慮不已；因為，過去我對於教科書內容可是倒背如流。

然而，當時我並未意識到，我的讀書方法沒有因為升上高中而調整，仍沿用國中時代相信的「背多分」方式讀書。於是，儘管我每天溫書到三更半夜，考試成績仍不見起色。

高三時期，應該是人生中讀書壓力最大的時候。每次模擬考，看著之前成績不如我的同學紛紛突飛猛進，而自己卻在原地踏步，內心更是慌亂不已。這令我不禁懷疑，我沒有自己想像中的聰明，理解力和記憶力都不如人。

愈是這麼想，愈是感到力不從心。

偶爾，腦中浮現了這樣的念頭：「既然天生讀書不如人，乾脆放棄別讀算了！」

幸好，過去學習上的成就感，使我一直保持著希望，即使很沮氣，但始終沒有放棄。

然而，這段學習上的挫敗經驗，也引發我深刻思考一個問題：「那些提早放棄學習的孩子，究竟是怎麼回事？」

課業是一時的，學習卻是一輩子

碩士班時，我跟著指導教授林清文博士進行「學習輔導」議題的論文研究，關注的便是中學生如何運用學習策略。當時正好閱讀到韓國學習諮商專家朴民根所寫的《沒有不會讀書的孩子》，書中探討孩子的種種「學習傷害」，也就是孩子在學習過程中，因為不斷遭遇挫敗而使心裡受傷，嚴重影響到課業學習表現。

我對這本書印象深刻，因為我在校園現場觀察到太多孩子在學習路上創傷累累，而對追求課業成就裹足不前、欲振乏力，不論國小、國中或高中階段都有。

「學習創傷」的來源，常是多次考試挫敗經驗的累積；也有學習過程中，缺乏老師或家長正確或適當的引導，造成他們逐漸對學習產生厭惡感，因而失去學習熱情。

學習創傷會逐漸侵蝕學習者的學習自信心，破壞他們對學習的興致，甚至讓他們對讀書學習產生負面的自我觀感，出現例如「我天生不是讀書的料」這類的自我對話。

長大之後，就算離開校園，也可能依然懼怕學習，抗拒任何形式的學習活動，影響在職場上繼續進修的意願。

當我上了大學，接觸到心理學、教育學或大腦科學等相關理論與知識，才知道不是我的學習能力不如人，而是沒有掌握有效的學習方法；不是我的記憶力不好，而是不懂得有效記憶的要領與複習的原則。

甚至很多時候，我在沒有充分理解的狀況下，就想把書本裡的內容快速塞進腦袋，當然會腦容量不夠、記憶體不足。

當時，我也不知道如何處理內心的焦慮與慌亂，只是一股腦熬夜讀書，在身心俱疲下，學習效率更是每況愈下。

慶幸的是，我一直沒放棄，是因為從小累積足夠的學習成就感；如果我在更早的時候就經歷這巨大的無力感，或許，我會提早放棄學習也說不定。

因此，我寫下這本如何有效陪伴孩子讀書學習的書，讓父母知道，孩子的學習問題是怎麼發生的，放棄學習其實是心裡受傷了，需要家長的陪伴與支持，而不是苛責與批評。

課業表現是一時的，「學習」卻是一輩子的任務，願你我都能守護孩子的學習熱情，在這終身學習的時代，擁有自己的一片天空。

前言
高效學習的關鍵要素

家有國小高年級孩子的家長，可能對以下場景很熟悉，每天回家吃過飯，你要他去寫作業、溫習功課，他嘴裡一直說：「好啦！」但卻黏在沙發上，不是看電視，就是滑手機。你百般無奈，只好加大聲量，孩子才心不甘、情不願的坐到書桌前，但打開作業還沒寫兩行就開始發呆。你見狀受不了，唸了他幾句，孩子愁眉苦臉，嘟嘴繼續寫，整個人都快趴到桌上了。你搖搖頭，心想：「這孩子怎麼都不會想，不能自動自發一點嗎？」

拿起孩子的聯絡簿，看到今天又有好幾科作業遲交、缺交，你心想：「昨天不是才提醒過嗎？」你不懂，孩子怎麼對課業學習一點都不在意，現在就這樣，將來怎麼辦？

到了月考前，孩子仍忘我的打電動、玩手遊，一點都不知道緊張。你忍不住對他講起大道理：「你怎麼一點都不關心功課呢？成績已經夠差了，還不趕緊用功。每天都要媽媽在後面一直催，真的很煩耶！我不求你考第一名或一百分，不過，你這樣懶散的學習態度，未免太過分了！」

「我也想要考好一點啊！但就是做不到嘛！」

「你不讀書，怎麼可能做得到？」

「我就很討厭讀書呀！」

高效學習的公式

這樣的場景，這樣的對話，你一定不陌生。

其實，不論學生、家長或老師都很想知道如何把書讀得更好、有理想的學習表現。於是，我時常在演講中分享一個簡單公式：

成就＝動機×方法×練習

所有人們想追尋的目標、想達到的境界，幾乎都可以套用這個公式。像是，你希望精進廚藝、想要完成全馬長跑、期待業績達標、追求財富成就、保持健康體態等，照著這個公式走，雖不中、亦不遠。

而在課業上，學習成就的高低，也取決於這三個要素的相乘關係。

首先是「動機」，也就是對於課業學習懷抱熱情，認同課業學習的價值，擁有提升或改善課業表現的意願。

而「方法」是指學習策略，也就是學習者是否採用高品質的讀書方法或展現高效率的學習行為，來增進或改善學習成效。

最後一項是「練習」，是指投入大量時間，進行反覆多次的演算、複誦、思辨、閱讀與表達等，直到精熟學習內容。

關鍵要素缺一不可

如果你問孩子：「想考高分嗎？」「希望成績更好嗎？」「希望自己學會更多嗎？」「想要考上好學校嗎？」

毫無疑問，多數孩子都會點頭說是，就算是裝出一副毫不在意、嘴裡說著「沒差」的青少年，內心其實都渴望能有更好的課業表現。

確實，多數孩子都想追求課業學習成就。

光只是想，不代表就能達成。

就好像許多人整天嚷嚷著要瘦身，但卻無法落實吃對、動夠的原則，當然毫無進展。另外，有的人是剛開始一頭熱，下決心要拚命讀書、痛改前非，卻是三分鐘熱度，幾天後就委靡不振，這樣也不會得到想要的成果。

就算你能堅持，每天投入許多時間與力氣念書，也不見得就有好成績。你還需要有效的學習方法助你一臂之力，包括特定的學習策略及良好的學習習慣。在終身學習時代，「學習如何學習」比「學會什麼」還重要。

最後一個要素，就是反覆練習，直達精熟。

愈基礎的學科知識，練習愈不可少。因此，放學後，孩子回家需要拿出課本或筆記來複習；老師常會指派回家作業，孩子也可能自己找測驗卷及習題練習，目的就是透過反覆接觸，徹底理解並熟悉學習內容。

動機、方法、練習三要素，缺一不可；既然是相乘關係，其中一項是零，成就即為零。

舉例而言，許多孩子都夢想考進理想學校，不斷告訴自己要力求精進，但因為沒掌握有效的學習策略，即使花再多時間複習，也成效不彰。

另一個常見的現象是，孩子希望把書讀好，也知道高效學習技巧，但卻不願花時間反覆溫習，常常上課聽完就算了，也許國小還能勉強應付難度較低的考試，但升上更高年級，就會吃到苦頭。

提早放棄學習的孩子

我相信，每個孩子都想把書念好，沒有一個孩子是故意要搞砸課業，不把書念好的。然而，我們在教育現場卻看見有的孩子國小就放棄學習，有的才上國中就不願繼續努力了。

他們的外在表現，就是對學習意興闌珊，可能每天背著空書包去學校，從第一節課趴著睡到放學，再背著空書包回家。回家就看電視、滑手機、玩手遊，不願意拿起書本翻閱，回家作業更是幾乎沒動過。

學校老師對他們灰心，家長看不下去卻一點辦法都沒有。

然而，這些放棄學習的孩子，真的對課業成績毫不在意嗎？真的一點力求上進的意志也沒有嗎？

不！不是的。事實上，他們也希望能在學習上有更多的成功、更少的失敗。如果可以考滿分，為什麼要只拿六十分？如果可以考及格，為什麼要抱鴨蛋？如果可以學得會，為什麼要放棄？

是他們太笨，或學習能力天生不足嗎？

或許，人都有學習能力的強弱之別，也就是所謂的「資質」不同，但撇除學習能力極端落後或被診斷有學習障礙的孩子，多數人的學習能力差異不大。

如果是這樣，只要孩子願意用功努力，是可以學得好、學得會，在課業上也可以有好表現。那麼，為什麼要放棄？

答案是：「不相信自己可以做得到。」他們不相信自己有辦法應付課業要求，不相信自己可以學得會，不相信自己可以考出好成績。

為什麼會不相信？

因為，過去多次挫敗經驗的累積，讓他們漸漸相信自己根本學不會，於是在內心深處一次又一次告訴自己：「我不是讀書的料！」並深深烙印在心裡。當再次考不好時，就驗證了這句話的真實性，更加相信自己不可能學得好，於是乾脆放棄算了。

在學習與考試上一再發生的挫敗經驗，就是孩子「學習創傷」的來源之一，會使他們失去繼續用功讀書的力量，沒有勇氣挑戰更難的學習目標。一開始，孩子可能是對讀書學習態度敷衍，到最後就完全放棄學習！

理解與陪伴，幫助孩子建立學習信心

回到前述的公式「成就＝動機×方法×練習」，其實我自己當年就是典型的有強烈學習動機，也花很多時間反覆研讀與練習，但卻沒能掌握高效學習策略的學生。即使很用功，高中以前能保持成績優異，上了高中以後則難以招架。

但我始終沒被挫敗擊垮，更沒有就此放棄學習，原因我很清楚，是過去學習成就的累積讓我懷有信心，對學習仍抱持期待。

因此，我深深認為在課業學習上不斷累積成功經驗，可以幫助孩子在面對艱難的課業挑戰或嚴重的課業挫敗時，願意繼續堅持下去；在課業學習上不斷累積挫敗經驗，則會逐漸失去學習信心，在面對稍難的學習挑戰時，就萌生放棄念頭。

這是一本探討陪伴孩子高效學習的書，我希望讓更多父母知道，孩子排拒學習或放棄課業的背後，存在著各種原因，亟待我們去理解並看見。

當孩子在學習上意興闌珊、消極擺爛時，我們得去看懂孩子其實是學習自信心低落，應該試著去理解造成孩子缺乏學習自信的原因，以及學習自信心低落對孩子課業表現的持續影響。

這麼做能幫助我們終止會妨礙孩子建立學習信心的教養方式，並幫助孩子跨越學習挫敗，重拾學習信心，展現學習成效。

本書除了在心理層面帶我們辨識與理解孩子的學習狀態，也在技巧層面告訴我們如何透過適當與正確的陪伴與引導，提升孩子的學習動機，建立良好的學習習慣、發展有效的學習策略。

這本書由四大章節組成，第一章說明孩子各種學習困境的形式，以及造成這些學習困境、甚至放棄學習的來源。父母可以反思自己是否因為求好心切，讓孩子有了反覆的挫敗經歷，而且沒有提供孩子足夠的關懷與支持，導致孩子漸漸對讀書學習失去興趣。

第二章的主題是學習動機。學習動機是學習活動的起點，擁有學習動機才可能展現有效的學習行為，而我們該如何幫助孩子找回失去的學習動機或扭轉對課業學習的消極態度？很關鍵的一點是大人和孩子要破除「才華天生、能力固定」的成見。

第三章進一步談到學習策略，包括從小建立規律讀書的學習習慣，在結構化的生活作息下，定時複習與預習，配合有效的記憶策略、書寫筆記、當小老師等策略，讓學習更為精熟。此外，這一章也探討了如何幫助孩子管理誘惑和擬定讀書計畫。

第四章是關於自主學習。父母都希望孩子能自動自發、主動學習，那麼要怎麼幫助孩子更能為自己的學習負責呢？這一章會談到回家作業、閱讀、親子對話、寫作、終身學習、線上學習等議題，也談到如何安慰考試挫敗的孩子，應該帶給他更多力量，而非拿走孩子身上的力量。

我建議從頭開始閱讀本書，這樣才能對「讀書學習」有通盤的認識，並知道如何有效支持孩子，避免學習上的挫敗，有些章節甚至需要像孩子讀書學習那樣反覆溫習，才更能領悟其中道理。

我相信，即使遭遇學習挫敗、學習表現不佳，也不代表一輩子就毀了。我看過不少人學生時代厭惡讀書考試，但是長大成人後卻因為找到人生志向而重拾書本，甚至成了某個領域的權威。

他們幫助自己重新找回學習熱情的方法相當值得我們探究。

如果，我們在孩子剛開始求學的階段，就能透過正確引導，在孩子遭遇學習困境時，及時辨識出來，趕緊急救、包紮傷口，不讓傷勢擴大，那麼挫敗有時會是寶貴的禮物。如此一來，我們便能確保孩子在課業學習這條漫長又艱辛的路上，穩紮穩打、持續前行。

PART 1

理解孩子的學習困境

01 釐清孩子的課業煩惱

與孩子談談生涯目標，幫助他們提早發現生涯興趣，並試著連結讀書學習與生涯目標之間的關聯，如此一來，讀書學習就有了意義。

你知道孩子在課業學習上，都煩惱些什麼嗎？我常在帶領中學生的「精進學習策略工作坊」中，蒐集他們的學習困擾，常見的包括：背不起來、容易忘、無法專注、對讀書沒興趣、邊讀邊打瞌睡、常受手機誘惑而分心、對學習沒自信等。也有對單一科目或特定學習內容感到困擾的，像是數學無法理解、公式不會套用、英文文法難懂、單字背了就忘、歷史年代常搞混、國文寫作寫不出來等。

我們大人想想，過去求學時代不也有這些煩惱嗎？當時是怎麼因應這些學習困境的？成功克服了嗎？怎麼做到的？

為了讓你對孩子的學習煩惱有更多認識，我依照「投入程度」和「學習成就」兩個向度，

圖表1 學習者類型

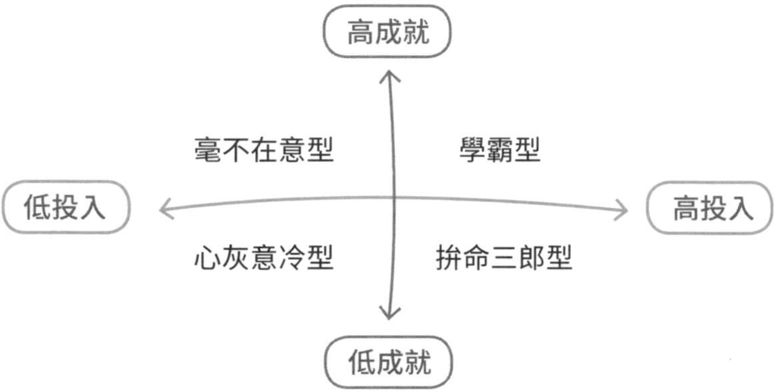

將學習者類型分成四種（見圖表1），分別是：

❶ 學霸型：高投入、高成就
❷ 拚命三郎型：高投入、低成就
❸ 毫不在意型：低投入、高成就
❹ 心灰意冷型：低投入、低成就

這樣分類的好處是可以快速掌握孩子的學習狀況、輕易理解孩子面對的學習挑戰，並給予不同協助。

1 學霸型

別以為高投入、高成就的學霸型孩子就沒有學習煩惱。

如果你的孩子能夠自動自發、用功讀書，每天願意花費很多心思溫習功課，對大小考試都能積極應對，在校成績表現也是名列前茅，那麼你得感恩老天保佑、祖先積德。

這樣的孩子可遇不可求，當然，你會說我的孩子如果這樣就好了！事實上，透過從小正確的陪伴與引導、避免在學習上受到創傷，每個孩子都有機會成為學霸。

學霸型的孩子雖然令大人放心，但不代表沒有學習困擾。

他們的困擾倒不是學不會，而是永遠覺得自己不夠好。

我看過許多成績優異的學霸，在各方面追求完美，特別是課業表現總是要求自己好還要更好。

他們常對自己高度要求，拿了全班第一不滿足，要全校第一才可以；已經全校第一還不行，非得全縣市第一才可以……。他們的目光總是向外，把任何課業表現比自己好的人視為假想敵。無奈一山還有一山高，人外有人、天外有天，怎麼可能贏過所有人？

這樣的孩子不用大人擔心，因為他們會主動追求成就，未來也會平步青雲，但他們即使有令人羨慕的好成績，卻總是對自己不滿意，即使成就非凡，卻無法享受成果，長大後若沒有調整心態，將會被禁錮在自己的完美主義中，痛苦不已！

當然，並不是學霸型的孩子都有這樣的特質，但卻不少見。

另外，還有一些學霸型的孩子從小透過優異成績來獲得外在肯定，不論是老師、同學或家長，都常稱讚、誇獎與羨慕他們。然而，他們卻禁不起一點點負評，如果課業表現稍有瑕疵就深深自責，不斷責備自己：「太丟臉了！」

因為害怕他人的負面評價，不管真實或想像中的，他們無法允許課業上有失敗表現，一旦考差了、退步了，便難以接受。因此，當他們到了更高強度的學習環境，例如升上第一志願的高中，便很容易被「表現不如人」擊垮。

當他們知道課業上難以贏過所有人時，便不願意給自己機會再挑戰與嘗試了。除了課業學習是這樣，其他方面也可能畫地自限，不願意接受更高難度的挑戰。

為什麼會這樣？

與其輸給別人而丟臉難堪，他們寧可保有現在的成果，如此當然不可能自我突破。如果這樣的孩子又將表現結果歸因於某些無法改變的特質，例如聰明才智，認為同學比自己成績優異是因為天資聰穎，自己再怎麼努力也不可能扭轉局面，這樣的想法也可能減損他們繼續追求成就的欲望。

我曾遇過一個國中以前成績優異的學生，進入高手雲集的高中後，發現自己不再是最強的，甚至常常考試成績不理想，因而灰心喪志。有次月考各科成績都不及格，在班上排名殿後。這是從來沒發生過的事，父母見狀心急如焚，學生卻一副無關緊要的樣子。

父母帶他來找我談話，我問學生：「你怎麼看待這次的考試成績呢？」

他回：「還好呀！」

我問：「可是，你之前考試成績沒這麼差，該不會是故意的吧？」

我以為孩子會說不是故意的，自己已經盡力了。沒想到他卻說：「我這次不想用功了，確實都沒準備。」

我問：「為什麼這麼做？」孩子低下頭，沒說話。

我等了一下，接著說：「是不是覺得上了高中後，讀得很辛苦，就算再怎麼努力用功，也贏不了別人，乾脆別讀書算了！」

孩子默默點點頭。

這類課業挫敗的孩子，其實是活在往日榮光中，渴望像過去一樣，能在課業表現上贏過其他人。但如今身旁高手環伺，與其讓別人覺得他不夠聰明，不如不要努力。這樣做的好處是可以安慰自己：「考得差，是因為我沒讀書，不是不夠聰明。」

這正是一種十分常見的自我保護策略。確實，不會輸掉比賽的唯一方法，就是不要參加比賽。

對許多自幼成績優異的孩子而言，比起被稱讚很「用功」，更渴望聽到別人說他很「聰明」。因為聰明感覺是天生資質好，而用功則暗示是不夠聰明，才需要努力。

然而，渴望獲得「聰明」這樣的評價，其實很危險。

知名教育心理學家、史丹佛大學教授卡蘿．杜維克（Carol Dweck）曾提出「成長心態」（Growth Mindset）與「定型心態」（Fixed Mindset）的概念。

她指出，抱持成長心態者，面對艱難挑戰時，傾向於相信透過不斷努力、付出與嘗試，有機會改變結局。對他們而言，能力並非固定不變，而是可以透過不斷學習而成長精進。所以，他們不會輕易被偶然的失敗擊垮，比較能接受挫敗，也更願意去嘗試與挑戰超乎自身能力的任務。

相對的，抱持定型心態的孩子，在課業表現或追求其他人生成就上，一旦遇到困難，常會認為能有一番表現的人，是他們天賦異秉，而非後天的努力。

杜維克教授也發現，如果大人在孩子考得好時，誇獎孩子很「聰明」而非正向聚焦在孩子的努力和付出上，就很容易培養出擁有定型心態的孩子。

就我觀察，許多在學習上受到創傷的孩子，常常會發展出定型心態，在課業學習上，不再相信自己可以學得會、學得好，或覺得自己能力的極限就是如此，不願再自我突破。

在後文〈06 關心成績優異的孩子〉（頁八〇）會更詳細探討學霸型孩子的學習困擾。

2 拚命三郎型

高投入、低成就的拚命三郎型孩子特別令人心疼，他們很用功讀書，但成績總是沒起色，每天花很多時間讀書，甚至讀到三更半夜，成績雖不至於敬陪末座，卻仍不理想，達不到預期的目標。

我們可以想見如此用功卻得不到理想成績，問題大概出在「讀書方法」。這類孩子往往沒有掌握有效的學習策略，或者不斷沿用過去有效、但現在無效的讀書方法。

在後文〈05 幫助成績退步的孩子〉（頁七一）會提到，拚命三郎型孩子的學習困擾很容易出現在年段轉換時，也就是國小升國中、國中升高中這樣的學習階段轉換期。比起國小階段，國中課業難度加深、範圍加廣，學習方法也應該有所調整；同理，孩子也不能一直拿國中時的讀書方法，來應付高中更深、更難的學習內容。

如果沒有相對調整學習策略，當然無法取得理想成績，更會挫敗累累，最後對讀書學習愈來愈灰心喪志。我高中時期有一陣子便是如此。

然而，孩子難道不知道要改變讀書方法嗎？來到新的學習階段，孩子難道不知道新的學習策略嗎？

其實，許多老師都會在新生入學時，提醒孩子改變讀書方法，也會介紹新的學習策略，不過有些孩子卻堅持不用新方法，為什麼？

首先，人是習慣的動物，一個方法用上手，就不願意再改變。過去這樣背單字都能背得起來，這樣解數學題都行得通，當然不想改變。

同時，改變意味著需要花費額外的力氣。因為不熟悉新方法，想執行要耗費更多心理能量，而且短時間又看不到效果，這時就會想著：「過去用老方法都有效，為什麼現在就沒效？再試一次吧！」於是堅持沿用對現階段無效的舊讀書方法。

然而，無效的方法只會帶來無效的結果，最後只會累積更多學習挫敗，當表現每況愈下時，便不再相信自己可以學得好，想著與其如此痛苦花費心思苦讀，不如放棄努力還比較輕鬆。當一個人怎麼努力都無法獲得預期結果，便會不想再努力了。

這就是心理學所說的「習得無助感」（Learned Helplessness）。拚命三郎但事倍功半的孩子，從反覆挫敗的學習經驗體認到用功沒有用、努力也是徒勞無功，那麼乾脆擺爛算了！

漸漸的，拚命三郎型的孩子就演變成心灰意冷型。

所以拚命三郎型的孩子很需要有人來提點他們改變學習策略，有時候只是稍微調整讀書方法，就足以引發巨大改變，慢慢找回學習信心。

3 毫不在意型

在介紹心灰意冷型的學習者之前，先來談談低投入、高成就這類毫不在意型的孩子。他們不怎麼用功就能拿高分，只要上課認真聽講、考前隨意翻翻，就能考出好成績。自然而然，他們對於學習就不會太在意，因為對他們來說讀書學習是很容易的事。

同儕大概都很羨慕他們吧！

毫不在意型的孩子會把大量心力投注在感興趣的事情上，課業表現應付得過就好，通常成績也不太會令人失望。

只不過他們表現出來的學習態度，就是一副毫不在乎的樣子，家長或老師多少會擔心，深怕他們對課業學習過度隨興，長久下來會有負面影響。但問題是他們的成績依然不差，大人也無話可說。

我們可以想見，這些孩子應該天資聰穎過人或有著所謂的「小聰明」，很清楚如何應付考試。這樣的孩子在國小階段很常見，但若是國中、高中階段依然以這樣的態度來學習，就可能卡關。

因為國中、高中的課業難度相對於國小艱深許多，如果孩子不願意多花點心力去念書或準備考試，只憑著比其他人稍好的資質，恐怕占不到太多便宜，甚至會逐漸嘗到課業挫敗的滋味。

對於這類型的孩子，別急著要他們用功讀書，有時候他們是不知道為什麼要讀書。我的建議是，既然他們已能應付課業，且有餘力投注其他活動，不妨引導孩子多接觸不同領域的事物，從中觀察他們的能力和興趣在哪裡，並安排孩子投入擅長的活動，只要對身心健康有好處、有意義，都可以鼓勵他們去參與。

也可以藉此機會與孩子談談生涯目標，幫助他們提早發現生涯興趣，並試著連結讀書學習與生涯目標之間的關聯，如此一來，讀書學習就有了意義。當孩子發現不能再繼續仰賴小聰明獲得佳績時，便會比較願意投注心力於課業學習。

這類孩子只要稍加用功，通常都會有不錯的課業表現。

4 心灰意冷型

前文提到，拚命三郎型的孩子高投入卻低成就，努力久了仍然成效不彰，便會演變成對學習低投入、低成就的心灰意冷型。他們的學習信心低落，想到讀書學習或考試內心便湧現厭惡感。他們可能對單科感到無力，也可能對讀書學習產生全面性的排斥。

然而，即使如此，不少孩子仍抱著一絲可以扭轉局面的希望。

我曾和一位國中生討論他的課業學習狀況，他的成績在班上算中等，但卻有深深的無力感，他說很想學習能幫助提升課業表現的新讀書法。

於是，我們先討論讀書策略，了解他平常如何學習與溫習功課、如何做計畫與安排時間，以及如何幫助自己專注和背誦學習內容。接著，我們討論出一些新學習策略，我鼓勵他實際嘗試，下週見面時，再討論狀況。

下一週孩子依約前來，我問他新學習策略效果如何？

他有些心虛的搖搖頭，說：「我沒有試……」

「你是說，你還是用原來的方法複習功課嗎？」

他點點頭，我說：「是什麼阻礙了你嘗試新方法呢？」

「不知道，我就覺得應該沒效果吧！」

「沒嘗試過，你怎麼知道沒效果呢？」我笑著說。

「不知道……」

類似狀況的孩子，我遇過滿多個。

也有些孩子，當我具體指導他們如何改善讀書方法時，他們的反應是：「唉唷！這麼麻煩喔！」或說：「可是這真的有效嗎？」

當我鼓勵他們試試看時，便面露難色，百般不願。我可以理解他們急切想找到讓成績快速進步的捷徑，同時內心深處也有深深的無力感，讓他們抗拒嘗試任何改變。

雖然有改善學習的意願，但內心深處早就不相信自己能做得到、學得好，最後可能連那一點點改變現況的意願都漸漸消失殆盡。

學習上的一再失敗逐漸降低學習信心，接著便可能演變成拒學，不願到校學習；也可能將心思轉移到網路世界，沉迷電玩遊戲或社群媒體，藉此尋找成就感，感受存在價值。

這類孩子最難協助，因為改變意願極低。如果家庭的支持度不夠，或持續以高壓、威逼的方式對待孩子的課業表現，問題只會更加嚴重。

幫助這類孩子逐漸找回學習意願和讀書動力的關鍵，是累積微小的成功經驗，後文〈13 相信自己學得會、學得好〉「為孩子蒐集成功經驗，打造學習信心」（頁一五六）會討論具體的協助策略，並提供更詳細的說明。

02 拯救放棄學習的孩子

看見孩子的亮點，給予正向回應、鼓勵與讚美，幫助孩子見證自己的努力與美好，始終對孩子抱持期待與希望，並且在孩子成長過程中不離不棄陪著走一段路，讓他們能重新找回安全感與自信心。

有一位高中老師和我分享：「現在當老師心好累，很努力想把畢生所學教給孩子，無奈他們卻不願意學習。尤其我任教的學校較為後段，學生對學習的投入意願低，平常不花時間讀書就算了，上課也能混就混，讓老師真的很無力！我對他們的要求已經低到不能再低，但他們依然做不到，我還能怎麼辦？」我想，這位老師說出許多教育工作者的心聲。

然而，這些孩子應該不是一開始就決定放棄學習吧！

想想我家女兒，每天幼兒園都有簡單的回家作業，比一比、連連看、塗顏色，她總是興致高昂的完成。但從什麼時候起，讀書學習變成苦差事，讓有些孩子決定不再下功夫？

時常有家長或是老師問我：「如何讓不愛讀書的孩子拿起書？」這個問題的本質是：「如何幫助孩子提升學習動機？」這問題不只教育工作者、家長或社會大眾都關心，也是許多教育、心理或社會學專家學者極力研究的課題。

例如，長期關注兒童教育和發展的作家保羅．塔夫（Paul Tough）其暢銷著作《幫助每一個孩子成功》（*Helping Children Succeed*）全書焦點就在此，並試圖為這困境找出具體可行的解決途徑。

在此同時，我們也該好好探究，是什麼原因讓孩子一步一步走向放棄學習之途？

早期的不利環境因素，影響學習成敗

保羅．塔夫綜合各項文獻報告，分析了高、低學習成就學生的差異，發現早期成長環境的照顧品質是關鍵之一。

用心理學名詞來說，低學習成就的孩子沒能在成長過程中，從主要照顧者獲得安全穩定的依附關係，因此情緒總是起伏不定、焦躁不安。弱勢孩子長期生長在不穩定的壓力環境，身心狀態很容易進入高度警戒，遇到挫折便立即啟動「戰鬥或逃亡」等一系列應急反

圖表2 孩子走向放棄學習之途的過程

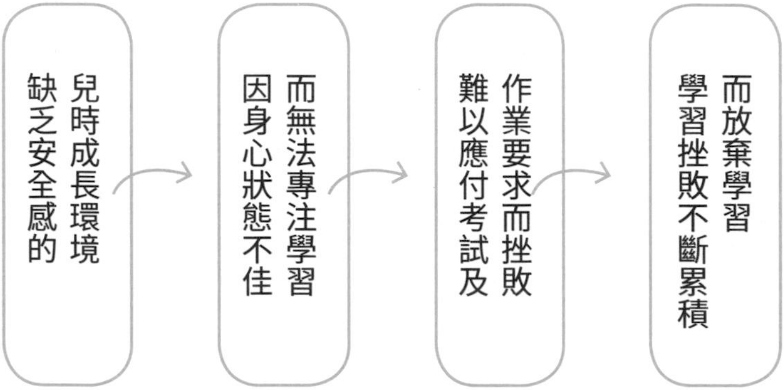

應，更不利於在學校課室專注學習，遑論應付困難的考試與作業要求（見圖表2）。

因此，父母與孩子從小的關係和互動品質，大大影響孩子內在的情緒及心理，這又決定了日後孩子進入學校學習的成敗。

這讓我想到二〇二二年烏克蘭和俄羅斯爆發緊張情勢的時刻，戰火無情，許多孩子隨大人倉皇逃亡到鄰近國家，雖然被友善收容，甚至有機會繼續就學，但因戰亂而升起的內在恐懼、慌亂、擔心，可能與親人天人永隔的不安，以及對新環境的適應問題，都可能使孩子長期處在高壓狀態，以至於難以安心學習。

如果你有印象，成長過程中，班上課業學習落後的同學也常是被師長與同儕否定、訕笑或排擠的一群，這使他們在人際關係中感到更加不安，惡性循環之下，早就不相信自己有能力或有可能在課業上成功，放棄學習只是早晚的事。

長期課業學習挫敗，失去學習信心

不論從大量的學術研究或實務工作者的觀察經驗，都可以發現低學習動機或提早放棄課業的孩子的學習行為演變有脈絡可循。

通常，他們長期遭遇課業學習挫敗，也許從很小的時候或求學階段的某個時刻起，便因為經歷學習困難而不斷感到挫折。一開始，他們還試圖振作，但課業表現依舊沒有起色，於是逐漸失去學習信心。

同時，隨之而來的是老師或家長的指責與負面評價，或同學的嘲笑與貶抑眼神。愈來愈多人對他們不再抱希望，認為他們就是天生資質駑鈍或無可救藥的一群。

他們時時處在擔心自己表現不佳或不被認同的恐懼，大腦在這種長期壓力的環境中，掌管學習與思考功能的前額葉皮質最易受傷害。孩子於是難以展現該有的專注、邏輯推理、分析、思辨、記憶與應用等複雜的訊息處理能力，當然也難以表現出追求課業成就必須具備的堅持與毅力等非認知能力。

懲罰威嚇對學習沒有助益

過去常見許多學校老師為了要求學生投入心力於課業學習，祭出各種手段，如罰寫、罰抄、小考、抽考、抽背等，這些老師認為，不管孩子的學習動機高或低，都會因為害怕付出某些代價而願意多讀點書、多做點功課，於是製造出許多「避敗導向」的孩子。

所謂「避敗導向」是相對於「求成導向」，避敗導向的學習者，努力用功的目的是避免失敗，說得更明確一點，是擔心考試成績不佳會受到懲罰，一旦他們不在意懲罰，就不會再繼續用功讀書。

相對的，求成導向的學習者願意在學習上下功夫，以獲得好成績、達到預設的目標，就算沒人在後面威逼、恐嚇，他們依然會投入課業，表現出自動自發的積極學習行為。

令人嘆息的是，許多老師發現，再怎麼煞費苦心對待避敗導向的孩子，會擺爛的還是擺爛，放棄學習的依然對課業意興闌珊。有機會找孩子來懇談一番，苦口婆心說破了嘴，告知讀書學習的重要性，孩子的學習態度依然故我，或只有三分鐘熱度。這樣的現象，在年齡愈大的孩子身上愈明顯。通常，在國小高年級的課堂上，會出現第一次放棄學習潮。這個階段班上總有幾個孩子不願參與課堂學習，課後不寫作業，考試成績持續低落。

對於暫時性學習動機不足的孩子，給他們鼓勵、提供不同的學習策略，或許很快可以找回暫時神隱的學習動機。我們也發現，有些孩子本來想放棄，但仍願意給自己一些機會，認為國小畢業後，上了國中重新開始就會更好。

事實上，國中的學習內容更艱深，帶給孩子的挫敗可能更多。國一上學期孩子還能展現不錯的學習意願，到了下學期，第二次放棄學習潮出現了，更多孩子退出課堂參與，雖然每天到學校，卻沒把心思放在課業上，同一班的學生成績逐漸呈現雙峰分布。

當老師面對班上幾位不願意讀書的學生，細究其成長脈絡，發現孩子受到早期不利環境因素的影響早就放棄學習希望，難免感到很無力。

更令人憂心的是，早期的種種挫敗經驗，不論是否與課業有關，都可能以創傷的形式儲存於身心，並對孩子之後追求人生成就造成負面影響。

此刻，孩子很無助，師長更是無力。

賦予安全感，啟動正向循環

我並非高唱「萬般皆下品、唯有讀書高」之人，成功的定義是多元的，致力於透過課業學習表現獲得人生理想狀態，也是人生健康發展的選項之一，而且學校教育的主要任務是讓孩子透過學習提升自我、甚至翻轉人生，做為關心孩子的大人，確實有必要好好探究如何讓孩子在學習上有更多成功、更少失敗。

我們很常聽到成人回顧人生時，談及生命轉折階段對課業與未來萬念俱灰時，貴人及時出現拉了自己一把。這樣的勵志故事不在少數，顯見宿命般的生命經驗可以扭轉。

貴人可能是學校老師、球隊教練、心理助人工作者、家族成員、學長姊或職場前輩等，在關鍵時刻出現，使原本喪志的年輕生命重新燃起希望，找回失落已久的決心與自信。

究竟，發生改變的關鍵是什麼？這些生命貴人究竟做了什麼、說了什麼，讓孩子能將心力重新放回課業學習，找到並按下啟動正向循環的按鈕？

簡而言之，就是讓孩子經驗到有別於過去成長歷程的關係型態。在這段關係中，孩子能感受到溫暖、安全、穩定與堅實，讓孩子從中得到滋養，獲得前所未有的肯定，並持續感到被期待與充滿希望。

當孩子體驗到溫暖、內心感到安全時，大腦前額葉皮質便能正常啟動，孩子也比較能進入專注學習的狀態，這樣的時刻愈多，孩子愈有機會在學習過程獲得更多成就感。

事實上，當一個人能在關係中持續感受到自己具有價值、被肯定、被接納，並被允許擁有主導權，便會逐漸長出內在力量，減少自毀前程的破壞性行為，將心力放在正向成長的途徑上——以學生的任務而言，就是讀書學習。

支持孩子，給予鼓勵與讚美

我們苦口婆心勸孩子讀書，孩子都懂，也理解學習的重要性，但認知上的理解並不足以驅策孩子動起來，需要讓孩子在情感上「體驗」到自己是被接納而且是有能力的。

在協助孩子提升學習動機、改善課業表現這些議題上，我們應該要回歸到人性的基本需求，著墨於關係連結、自我價值及獨立自主等。

看見孩子的亮點，給予正向回應、鼓勵與讚美，幫助孩子見證自己的努力與美好，始終對孩子抱持期待與希望，並且在孩子成長過程中不離不棄陪著走一段路。正如前文的貴人所為，提供孩子替代性的情感經驗，讓他們能重新找回安全感與自信心。

特別是家長，所要做的不過就是持續為孩子創造出具支持性的環境氛圍，幫助他們面對現實生活的挑戰，也療癒學習過程所受到的學習創傷。

03 了解學習不佳的孩子

消極的學習行為背後常常有「不是我天生能力不好，只是不夠用功」的藉口，目的是用來保護孩子的自我價值感，這種看似自我欺騙的策略，其實對個人自尊有著極大的保護功能。

低學習動機是因，也是果。學習動機不足的孩子，會投入較少心思與時間在課業上，成績自然不會太好。然而，是什麼造成孩子學習動機不足、欲振乏力？總有些原因吧！

我曾問一些低學習動機的孩子，不願意努力讀書的理由，他們往往聳聳肩，說：「反正讀了也沒用，以前試過了，考試成績還是很差。」

很顯然，這樣的孩子因為過去的挫敗經驗，而預期自己就算用功也不會有效，乾脆不讀書比較輕鬆。

當一個人在某件事情上看不到未來成功的希望，評估自己完成這項任務的可能性極低，也就是所謂的「低自我效能」，便會減低再度投注時間與精力的意願。

還有一些孩子說：「我也很想努力用功，但就是做不到。」這些孩子每次坐在書桌前，就會被身旁誘惑干擾，或是眼睛在課本上，心卻飄到別處。他們總在溫習功課時，東摸摸、西摸摸，一下子開冰箱吃點東西，一下子去找兄弟姊妹聊個天，一下子玩手機與朋友閒扯幾句，到頭來一個晚上沒讀多少書，時間一溜煙就過了，課業成績自然不會好。有趣的是，他們同時也對自己讀書意志力不堅生氣不已。

還有家長跟我說他家孩子國小成績優異，不用父母操心，升上國中以後卻一落千丈，平常沒在讀書就算了，還愈來愈不喜歡去學校，像這種低學習動機又伴隨拒學現象的孩子，在校園中並不少。

局限性信念，阻礙積極學習

學習動機低落或放棄學習的孩子，在行為表象上給人消極懶散的印象，然而，在他們內心深處，卻早已存在著一些「誓言」，也就是根深柢固、堅信不疑的想法，深刻影響孩子如何過每一天。這些內在誓言，就是所謂的「信念」。

出身香港的神經語言程式學（Neuro-Linguistic Programming, NLP）權威李中瑩老師曾提到三個限制人們追求成功快樂的局限性信念，分別為「我沒有能力……」、「我沒有可能……」和「我沒有資格……」。我在此借用李中瑩老師的觀點，課業失敗或學習動機低落的孩子，內心深處也有阻礙他們對課業學習展現積極態度的三種局限性信念，分別是：

1 我沒有能力把書讀好

擁有這類信念的孩子，深信自己沒有足夠能力達到理想的課業表現，不管怎麼努力都沒用。他們雖然知道「一分耕耘、一分收穫」的道理，卻總是將注意力聚焦在自己的能力不足上，心底有著深深的「無助感」（helplessness）。

無助，就是一種「怎麼努力或如何付出都沒用」的感覺。

2 我沒有可能把書讀好

擁有這類信念的孩子，對於追求讀書學習的成就，抱著極度悲觀與負面的態度，完全看不到自己有成功的可能性。他們也許會在乎成績，也對課業表現不佳感到焦慮、擔心，但因為種種原因深信好成績不可能降臨在自己身上。他們難以想像自己成績進步或表現優異的圖像，對於學得會或學得好，感到徹底「無望」（hopelessness）。

無望，就是看不到未來有任何可能性，是一種極度悲觀的心情。

3 我沒有資格把書讀好

孩子怎麼會認為自己沒資格在課業上有所表現呢？因為他不允許自己成績優異。這可能來自於他成長過程因為功課好而導致的不良後果，例如被排擠、被嫉妒、失去本來屬於自己的東西，或失去關注等。因為追求課業表現卻讓自己陷入不利境地，內心深處對追求課業成就極度反感，於是矛盾的用成績不佳、不夠用功的手段，來避免不好的事情再度發生。

擁有這類信念的孩子常常會深信自己「沒價值」（worthlessness）覺得自己「不值得」或「不配」擁有好成績，害怕成功、恐懼被肯定，所以在課業上無法積極發揮。

信念的形成，是成長過程從重要人物或日常重大經驗（特別是人際互動）所學習而來，若這些信念阻礙了人生正向發展，便是局限性信念。

不管是「我沒有能力把書讀好」、「我沒有可能把書讀好」或「我沒有資格把書讀好」，都是學習創傷的證明。

自我欺騙，是為了保護自尊

當孩子在課業上付出努力，但因為沒掌握有效的讀書方法，或生理成熟度不夠（國小階段，男生大腦皮質發展速度普遍比女生慢），而不斷經歷學不會、考不好的課業挫敗。如果孩子一再努力成績卻始終沒有起色，課業表現仍然不佳，同時被同學訕笑、老師貶抑，或是感受到父母不經意流露出失望神情（甚至直接被貼上「笨蛋」標籤），孩子便開始深信自己學習能力不足。

一旦孩子給自己下了能力不足的結論後，所有努力似乎都是多餘。

接下來為了避免感受能力不足帶來的痛苦，即使再簡單的科目或學習活動，孩子便都不願意嘗試。

這些消極的學習行為背後，常常有「不是我天生能力不好，只是不夠用功」的藉口，目的是用來保護孩子的自我價值感。這種看似自我欺騙的策略，其實對於個人自尊有著極大的保護功能。

許多成績優異的孩子進入明星學校就讀後，因為強敵環伺，同學個個聰明絕頂，便深深擔心自己不如人，常會出現這類學習心態。

全盤否定，是因為看不到希望

深信自己「沒有可能把書讀好」的孩子，對未來常常看不到希望，經常告訴自己：「我的成績沒救了！」全盤否定自己課業學習的能力。他們認為自己幫不了自己，也不相信別人可以幫忙，不願給自己在課業下點功夫的機會，更拒絕別人的幫助。

這類學生對課業上的失敗會有通盤性與永久性的負面推論。當偶然一次考試成績不如預期，他們會不合理的對自己說：「以後永遠都考不好了」或「其他科目也都完蛋了」。這種對課業學習以偏概全的推論方式，帶來的便是全然無望的感覺。

為什麼孩子會出現這種扭曲褊狹的推論方式？很可能是求學過程中，父母或師長面對孩子成績不佳時，常說出類似的話語：「連這麼簡單的題目都考不好，以後怎麼辦？」「每次都考不好，我看以後沒希望了！」「每科成績都不理想，到底有哪科可以讓我滿意？」甚至是更偏激的話語：「要是你能考及格，我看太陽要從西邊出來了！」這些話語是如此恨鐵不成鋼，卻也流露出大人對孩子的課業已不抱希望，認為其課業表現再難有起色。

也許，大人只是想透過這些話語激勵孩子，但孩子感受到的是身旁最重要的人都要放棄自己了，「那我又何必對課業抱持期待？」

功課好的代價與憂慮

你曾經羨慕功課好的同學嗎？

許多孩子因為功課好而備受師長疼愛，像顆閃亮的明星；但因樹大招風，遭受同儕排擠、冷落，甚至被欺負、被威脅。即將進入青春期的孩子，對於同儕隸屬感的需求度非常高，當發現自己的不受歡迎可能與課業成就有所關聯，又沒得到師長適當引導與協助時，便會逐漸發展出對課業表現突出的恐懼。

曾有孩子在會談中告訴我：「我不能考太好，不然就沒朋友了！」

小玲在國一上學期成績優異、名列前茅，但新學期開始後，考試成績逐漸下滑，作業也常遲交、缺交，父母和老師都摸不著頭緒，苦思孩子到底怎麼了？

「不知道，當我成績愈來愈好時，卻感受到巨大的恐懼，我好慌！」小玲這麼說。

她一開始不知道自己慌什麼，在我的引導下慢慢回憶起，國小五年級時，幾位原本與小玲要好的同學因為她某次月考得第一名而聯合起來疏遠她，令小玲相當難過。當時父母只是安慰她：「別想太多，他們太幼稚了，朋友再交就有。」小玲也盡量不去在意這件事。

然而，這次經歷卻已在她心中埋下陰影，她學到功課太好的代價就是會被討厭。

當小玲升上國中，愈來愈突出的成績使她受到師長讚賞、同學羨慕，儘管被眾星拱月般對待，卻同時勾起內心深處的擔心與恐懼，並不斷告誡自己：「我不能表現太好，否則朋友將一一離去。」

這也是一種學習創傷，雖然不是直接來自課業失敗，但因為擔心被孤立、被討厭，從而認為自己不再有資格追求課業成就。如果孩子因此不被大人理解，以為他們變懶散、怠惰或鬆懈，孩子將難以面對大人的眼光，感到不知所措，最後乾脆拒絕上學，甚至拒絕與師長接觸，以避免感受到內心的矛盾與痛苦。

成績不佳也可能是一種保護機制

每種行為背後都有其功能，反覆出現的行為模式一定是為了維持某些對個人很重要的功能。換句話說，這是一種保護機制，能保護自己免於面對某些不利於自身的情境或感受，或追求某些未被滿足的需求。

例如，有些孩子原本自動自發、表現優異，忽然成績一落千丈、個性變得懶散消極，陸續出現上課分心、作業遲交等問題行為。

細究之下才發現其父母關係不睦，最近常發生激烈衝突或冷戰敵對的狀況。此時，孩子的問題行為，特別是消極的課業表現便有了功能。

為什麼呢？因為家庭成員的注意力會一起轉移到孩子的問題行為上，原本的緊張關係便獲得緩解，家庭得以繼續運作，維持表面和諧。

這樣看起來，孩子正在用自己的課業表現不佳，拯救可能分崩離析的家庭，為了維繫家庭情感而自我犧牲。

你也許很難理解這樣的說法，但此現象卻是許多家庭的日常。

當父母開始擔心孩子的課業表現，甚至指責孩子貪玩、不夠用功時，原本爭吵不休或冷戰未歇的雙親突然口徑一致，會讓孩子鬆一口氣，因為發現爸媽「和好」了！

當然，這只是假象。對孩子幼小的心靈而言，最害怕的是父母離異或家庭崩解，父母能重修舊好，孩子便能感到安心；接著，又會將心力放回課業學習，成績會再度提升。

當父母不必擔心孩子成績，自然又回到衝突不斷的相處模式；緊接而來的，是孩子的學習又拉警報。

如果父母沒意識到孩子的課業失敗正是在對父母或家庭展現愛，那麼，他們也永遠不會知道，得先把自己的婚姻關係處理好，孩子才能穩定學習，維持成績。

04 拒絕懲罰性抄寫

永無止境的懲罰性抄寫讓孩子處在「怎麼努力也難以完成」的困境中，內心深處會同時充滿恐懼、怨懟、委屈、無力與不安，連帶著專注、邏輯、思考、推理、判斷、抉擇及情緒調控等功能都會受影響。

英文是小晴最感興趣的科目，但高二換了英文老師，常要求學生罰抄、罰寫，通常是考試答錯一題就罰抄整題十遍，成績未達標就罰抄整張考卷，當天沒寫完，隔天加倍。

小晴說：「本來我對英文很感興趣，但現在整天都在罰寫，不只下課和午休，甚至連上課時也偷偷在罰寫，更別說回到家，有時候熬夜就是為了完成罰寫。不只我這樣，班上好多同學也都是如此！」

她感嘆的說自己根本沒時間溫習其他科目，各科成績愈來愈差，後來連最喜歡的英文也失去興趣。有同學最後乾脆放棄英文，反正也寫不完！

美蓮的孩子本來各科成績都不錯，對讀書興致勃勃。國中時，遇到一位常用抄寫做為懲罰的老師。

有一天，美蓮見孩子拚命抄寫到三更半夜還不睡，問了才知道，原來孩子早上遲到，老師便要孩子抄課文十遍做為懲罰，國中階段的課文內容還不少，光抄一遍就要寫很久。實在太晚了，美蓮要孩子先去睡覺，孩子哭著說：「如果沒抄完，明天就會加倍，那麼永遠都寫不完。」美蓮只好陪孩子熬夜，看著孩子邊哭邊寫，心疼不已。

後來，美蓮發現孩子的成績開始下滑，也不太想讀書，失去了學習欲望，甚至出現拒學傾向，孩子常說：「每天都在抄抄寫寫，永無止境，實在不知道去上學有什麼意義！」

幸好，升上高中後，遇到善用鼓勵的老師，一步步帶著孩子找回學習自信心。現在，孩子的學習狀況漸入佳境。美蓮回想孩子的國中時期，簡直是一場惡夢。

前述兩個案例都是真實發生的。我很幸運，成長過程沒遇過使用懲罰性抄寫來要求學生的老師，頂多就是訂正錯誤、將沒寫完的補齊。

後來，當我進入校園工作，發現懲罰性抄寫竟然十分常見，不只資深老師這麼做，新進老師也如此。我總想不通，這樣反覆抄抄寫寫，到底對學生有什麼幫助？

當我聽聞一個個令人心碎的故事後，才驚覺懲罰性抄寫不只對學習幫助不大，還可能損害學習欲望，最常見的是孩子開始放棄學習！

懲罰性抄寫帶來惡果

所謂「懲罰性抄寫」就是以抄寫課文、考卷或任何文字（常見的有《心經》、《聖經》、《弟子規》……）做為學生犯錯後「懲罰」的手段，簡稱「罰抄」或「罰寫」。

所以，懲罰性抄寫的目的是為了「懲罰」孩子的犯錯行為，包括考試成績不理想、不遵守規範、作業遲交、缺交等。

把抄寫做為懲罰的手段是相當不妥的。為什麼？

有句話說得非常好：「對人有益的活動，不宜用做懲罰；對人有害的活動，不宜用做獎勵。」書寫是讀書學習中，重要且有助於學習的活動之一，本該要鼓勵；但若把書寫做為懲罰，無形間把書寫活動本身與懲罰時的負面感受連結在一起，久而久之，孩子會開始討厭書寫。不只厭惡罰抄、罰寫，也討厭提筆寫字，甚至可能影響到計算、寫作、整理筆記等讀書學習的基本功。

更不用說，動輒十次、百次起跳的罰抄、罰寫。錯一題，罰抄寫三次答錯的題目，還可以接受；但罰抄整張考卷十次，明顯違反「比例原則」，學生自然會更加厭惡書寫。

從厭惡被罰寫的科目開始，漸漸的，學生對課業的厭惡感會擴及其他科目，進而討厭上學，對學習意興闌珊。

反覆抄寫的意義

大人在對孩子進行每一項教育措施前，都應思考三個問題：

1. 這麼做的目的是什麼？
2. 這麼做，能帶來預期的效益嗎？
3. 這麼做，是否會帶來傷害？

就目的而言，有的老師說自己只是要讓學生訂正錯誤，如果是這樣，要求學生把錯誤改正就達到目的了。

如果學生仍一錯再錯，表示對這個題目的理解不足、觀念混淆，老師需要知道學生究竟哪裡有問題，一再抄寫只是浪費時間。

如果是想幫助學生精熟學習或記憶背誦呢？

反覆書寫確實是達到精熟學習或記憶背誦的途徑，所以國小時，數學老師會要求學生反覆演算習題、國語老師會要求反覆練習書寫生字，這些都是學習必經的過程。然而，學習者不應只是機械性、反射性的抄寫，也要主動投入心思於書寫練習中。

甚至，為了幫助記憶，不只反覆書寫，還需佐以記憶策略。例如，背誦英文單字時，可以邊抄寫、邊唸出聲音，同時理解單字的結構，包含字首、字根或音節等，這樣會比只是反覆抄寫來得有效果。

此外，記憶背誦有幾個關鍵，首先是「提取」比「輸入」更重要。有意識的回想課文內容一次，比無意識抄寫十次，更有助於記住課文內容。

另一個關鍵是「頻率」比「強度」還重要，每次複習不用太精熟，但是分很多次反覆溫習，會比一次花幾個小時拚命背誦某個單元內容，還來得有助於記得熟、記得久。

愈到高年級，甚至國中、高中階段以上的學習，除了反覆背誦，理解更不可少。在沒有充分理解之下，只是一股腦兒反覆抄寫，對於學習的幫助不大。而當對於某些觀念能夠充分理解，頂多抄寫一次，或只抄寫關鍵字詞，就能印象深刻。

違反比例原則的懲罰性抄寫，不只把懲罰的負面感覺和書寫活動緊緊相連，同時，因為孩子得應付過多的抄寫內容，常常是無意識的動作，根本沒有餘力主動投入心思去思考與理解，就算寫過一百次，也常不知道剛剛在寫什麼。

懲罰性抄寫阻礙發展高效學習策略

你一定非常同意，讀書要有方法，學會使用高效學習策略來念書，比死讀書來得重要。學習策略要能夠奏效，首先要學習者確實執行，例如整理筆記、自我測驗、擬定讀書計畫、考前猜題等。

我曾經到國中演講，和學生分享「學習策略」這項議題。會後有個學生無奈的告訴我：「老師，你說得很有道理，但我們根本做不到呀！」

原來，許多老師常要學生進行不合理的懲罰性抄寫，學生光應付都來不及了，怎麼可能規劃自己的學習時間，使用適合自己的學習策略呢？

當孩子溫習功課的時間都被懲罰性抄寫占滿時，便沒機會思考或嘗試怎麼讀書學習會更有成效。時間久了，只能被動依賴老師的安排，能完成罰抄、罰寫就謝天謝地了，遑論發展出自主學習的能力！

懲罰性抄寫帶來毒性壓力

成長過程不可能沒壓力，壓力有時候是阻力，也可以是助力。研究發現，適量壓力有助於追求成就、達到目標；然而，超過身心所能承受的壓力，卻可能把人徹底擊垮，並帶來長遠的負面影響，稱為「毒性壓力」（Toxic Stress）。

相較於一般性壓力，毒性壓力常是孩子在成長過程中，經歷長時間、高強度、頻繁且難以抵禦的身心威脅，如果在這過程中得不到支持與舒緩，會導致身心功能逐漸受損。關於這個議題，最有名的是「童年逆境經驗（Adverse Childhood Experiences, ACEs）研究」。

這項大規模研究發現，成長在暴力、虐待、疏忽照顧、酒癮、毒癮、雙親衝突等逆境經驗家庭的孩子，長大後更可能比其他人出現身體疾病、心理困擾或社會適應上的問題。

童年逆境經驗研究中的毒性壓力多來自家庭，但不代表家庭之外的其他環境不會帶給孩子傷害，例如學校也可能不斷餵養孩子各種毒性壓力，我認為違反比例原則的懲罰性抄寫就是其中之一。

永無止境的懲罰性抄寫讓孩子處在「怎麼努力也難以完成」的困境中，內心深處會同時充滿恐懼、怨懟、委屈、無力與不安。

這些毒性壓力首當其衝影響的，就是掌管學習功能的前額葉皮質，一旦受損，連帶著專注、邏輯、思考、推理、判斷、抉擇及情緒調控等功能都會受影響。於是，學習過程便更容易犯錯，接著又會遭受到更多懲罰，如此不斷惡性循環。

同時，孩子為了完成抄寫作業而熬夜，長期睡眠不足，隨之而來的是專注力不足、焦躁不安，也可能出現更多情緒困擾。想一想，當你前一晚睡眠不足時，是不是特別容易被孩子激怒，特別想罵孩子呢？

難怪不少孩子最後選擇放棄，他們會這麼想：「反正怎麼寫也寫不完，乾脆不寫了！」一開始是放棄罰寫，罰寫沒完成，到學校又被指責，後來乾脆放棄學習，甚至拒絕上學，「拒學」的這個舉動有可能是出於對學校的恐懼，也可能是無聲的抗議。

懲罰性抄寫帶來的學習成效無法持久

懲罰性抄寫既然有害無益，為何許多師長仍要沿用這套方法呢？

前文提到，行為都有其功能，有功能的行為，就會被保留下來。

那麼，對學生祭出懲罰性抄寫，究竟有什麼功能？

有可能這麼做能讓老師安心，表示「我已盡心盡力，不愧對職責」；也可能過去自己被這樣對待，但熬過來了，現在有不錯的成就，所以相信這麼做也可以對孩子有幫助。

當然，也有人告訴我，施行懲罰性抄寫的班級，學生成績都不差，這麼一來，懲罰性抄寫似乎就是合情合理的教育措施，既然能有效提升學生的課業表現，大概就是好方法。

然而，即使學生的成績能維持一定水準，但其學習意願卻建立在恐懼之上，也就是害怕被懲罰。長久下來，學生仍然厭惡學習，無助於培養學生成為自動自發、自動投入的自主學習者。

更大的問題是，本來願意學習、有能力學習的學生，因為懲罰性抄寫而疲憊不堪、傷痕累累，最後走向放棄學習之路。厭惡或放棄學習事小，若衍生出情緒困擾甚至精神疾病，任何人都承擔不起。

在醫學訓練裡，醫師誓詞的第一條就是「First, Do No Harm!」（先求不傷身體，再求療效！）。這讓我想起某家藥廠的電視廣告，有句台詞是「先研究不傷身體，再講究效果」。我想，這樣的精神也適用於教育現場。

任何標榜能提升學習成效的教學方法，都應先衡量是否會對學生造成身心傷害。即使打著以愛為名的旗幟，若可能犧牲孩子的身心健康或受教權，就應立即停止或改善。

理解孩子的學習困難，肯定正向行為

其實，比反覆抄寫更重要的，是理解孩子的學習困難在哪裡。如果是反覆錯誤的題目，就要確認孩子的觀念是否正確，帶他釐清模糊之處；如果是孩子不熟悉、常忘記的地方，可以教他運用諧音或心像等背誦記憶策略，並帶著孩子一起練習。

如果孩子在書寫、計算或閱讀上反覆出錯，可以觀察一段時間，找出學習困難的特殊模式，並協同學校特教老師評估是否可能有心智或學習障礙，並佐以特殊教育的協助。

雖然，懲罰在短期內可以收到一定效果，但長期而言效果不大，甚至會造成傷害。本來就不在意學習的孩子，你罰他抄寫多少遍，他也不寫、不在乎，這樣的懲罰形同虛設。本來在意課業表現的孩子，卻會為了完成永無止境的海量抄寫，而長期處在焦慮與挫敗中，開始厭惡學習。

比起懲罰犯錯行為，肯定正向行為其實更有效。

如果孩子學習表現不佳，我們不該只是不斷關注他又錯了幾題，或只考了幾分，反而該聚焦在孩子有答對、有學會的地方，具體的肯定孩子。

別誤會，我不是說孩子答錯的部分不重要、不需要檢討，而是這表示孩子還沒學會或有學習困難，家長可以與老師討論，適當降低孩子的作業難度，讓他有機會體驗到完成作業或答對了的喜悅，接著再讓孩子挑戰難一點的題目，幫助他建立成功階梯。

其實，家長也可以陪孩子使用「均一教育平台」（https://www.junyiacademy.org/）或是「PaGamO」（https://www.pagamo.org/）等網路資源，藉由精心設計安排、基礎到進階都有的題庫，讓孩子從符合能力的題目練習起，精熟後再挑戰更難的題目。許多學校老師都開始帶學生使用上述資源，常能幫助學習落後的學生跟上進度。

不得不說，學校老師很辛苦，一次要教三、四十名學生，甚至更多，要個別因材施教確實有其限度，家長自然也得負起陪伴與監督孩子寫作業和溫書的責任，就算再忙，也要花點時間關心。

如果，發現孩子被老師指派過多的懲罰性抄寫，而導致焦慮、恐慌、害怕上學，甚至時常睡眠不足，家長可能需要和老師直接溝通，讓老師知道你觀察到孩子的身心狀態，並表達期待停止懲罰性抄寫，特別是違反比例原則的懲罰性抄寫。

若直接向老師反映未果，可以考慮向學校相關處室，如教務處、學務處或輔導處的主任聯繫，甚至向校長反映也可以。如果，這麼做都沒效果，再考慮找家長團體協助，或投訴教育主管機關。

我遇過很多家長一開始要求孩子忍耐，後來發現這樣行不通便和老師溝通，卻被打了回票，又擔心孩子會因此遭老師「特殊對待」，最後只好幫孩子轉學。

轉換環境當然也是一種方法，然而若家長不願意發聲，同樣的傷害仍會落在其他孩子身上，一屆又一屆不斷發生。

05 幫助成績退步的孩子

父母最好在孩子就讀國小中低年級階段，就及早幫助孩子建立良好學習習慣，以及認識更多有助於學習的技巧或方法。有時候，孩子並非不知變通，不懂得調整使用更有效的學習策略，而是根本不知道有哪些學習策略可用。

大學剛畢業，我到一所完全中學進行教育實習，當時舊制師資培育法要求師培生完成為期一年的教育實習，即可取得教師證，參加教師甄選。拜制度所賜，我得以有完整一年的時間，在教學現場第一線學習如何當老師。

當時，我導師實習的班級為國中一年級，印象中全班一共有四十八人。雖然是常態編班，但是當中至少有十人國小是全班前三名畢業，可見這班學生普遍學習能力不差，課業競爭也十分激烈。

找出成績退步原因

剛開學時，我注意到學生瑞澤每天精神奕奕，上課時全神貫注、眼神有光，當然成績表現也不錯。然而，時間來到了學期末，我發現他每天面露疲態、神情憔悴、步履蹣跚，不若往日熱情洋溢。

寒假過後，第二學期剛開學，我見瑞澤仍終日愁眉苦臉，鮮少露出笑容，與上學期剛開學時幾乎判若兩人，除了研判他可能因為進入青春期，生理發育影響心理及情緒狀態，也擔心他是否遇到困難。

第一次期中考後，瑞澤的成績大幅退步，排名從班上前段降至中段。發考卷時，他幾次趴在桌上哭泣。

我找瑞澤來談話，把我的觀察告訴他，問他怎麼了？

他搖搖頭說沒事。

我不放棄的追問：「家裡出事了嗎？還是和同學相處有困難？還是……失戀了？」我有些半開玩笑。

神情沮喪的他突然抬起頭：「老師，我很笨嗎？」

「啊？」我沒聽明白。

「老師，你覺得我真的不夠聰明嗎？」

「你怎麼會這麼問？」

「我覺得自己根本讀不好。我的成績一直退步，不只一科，每科都是，可是我明明已經很用功了呀！」

瑞澤國小畢業時拿到市長獎，資質應該不差。他告訴我，國小時每次考試都一百分，沒有科目難得倒他，老師都說他聰明絕頂。

但他發現自己的聰明在國小畢業後就用完了，說得更明白一點，他認為自己上國中後就不聰明了。面對不斷退步的成績與名次，他開始懷疑自己其實很笨，一點都不聰明。

原來，瑞澤把「聰明」和「功課好」畫上等號。

「你覺得，以前你的成績優異，是因為聰明的關係嗎？」

他想了想，說：「其實，我也是滿用功的啦！」

「那麼，你怎麼會覺得自己現在不聰明了呢？」

「因為現在我不管怎麼用功、怎麼努力，成績只有愈來愈差。我讀得好辛苦，我好想放棄呀！」

瑞澤的眼淚流了下來，緊握雙拳，卻藏不住無力感。

「跟我說說你是怎麼用功的？」我希望他和我分享自己是如何讀書的，如果夠用功，課業成績應該不至於大幅下滑。

瑞澤說，第一學期剛開學時，他每天晚餐過後就去寫作業和溫習功課，十點前上床就寢。後來，發現成績有點不理想，便花更多時間苦讀，到了第二學期，幾乎都接近半夜十二點才休息。

「你有補習嗎？」我問。

「有，補英文和數學，每週各兩次，但爸媽都說我愈補愈大洞！」

「學校老師上課你聽得懂嗎？」

「有時候聽得懂，有時候聽不懂。」

「聽不懂時，你怎麼辦？」

「就回家認真讀，但有時候還是搞不懂……」

我繼續和瑞澤討論，發現，他的讀書方法有幾個問題：

▼上課聽不懂不會立即發問；應該要在學校就搞懂。

▼解題過程沒有真正理解，常常用背的。

▼不會抓重點，讀得太細，不太可能考的地方也讀，以至於讀不完。
▼考試常在不會寫的題目上花太多時間，影響其他題目的作答。
▼沒有把錯誤的題目確實訂正搞懂。

讀書方法要升級

其實，這些讀書方法或學習習慣的問題，與瑞澤國小時成績優異有關。國小的學習內容簡單易懂，對他而言，從來沒有「上課聽不懂」這回事，所以瑞澤從來沒有在學校向老師發問的習慣。

國小的數學常常是透過反覆運算就能直覺作答，但瑞澤上國中後，仍然沒有思考解題過程的習慣，不管懂不懂都一股腦兒記熟算式或解題流程，所以只要考試題目稍有變化，就答不出來。

國小課本內容少，根本沒有抓重點的問題，全部都讀過就對了。國中課程訊息量大，如果想熟讀每個地方需要花很多時間，所以瑞澤常常來不及讀完，甚至忽略了常考的重點。

國小時，瑞澤每次考試都習慣從頭開始作答，也很順利完成考試，並且幾乎都能拿滿分。但國中時，他如法炮製，卻常卡在某個較難的題目，因為他不知變通，不懂得先跳過難題，以至於影響其他題目的作答。

國小時，瑞澤每次考試幾乎都拿滿分，所以根本沒有訂正的問題，但上了國中，他也沒有養成確實訂正錯誤的習慣，抱著僥倖心態，有時候只是大略看一下，其實錯誤常是因為觀念沒搞懂，以後考試也會一再出現。

還有一個問題是，瑞澤愈來愈晚睡。長期睡眠不足讓他白天上課精神不濟，記憶力、理解力、判斷力都下降；上課沒能確實搞懂，晚上便要花更多時間研讀，導致惡性循環。

還記得嗎？這就是我們在前文〈01 釐清孩子的課業煩惱〉（頁三〇）提到的「高投入、低成就：拚命三郎型」的學習者典型樣貌，看起來十分用功，但是努力卻沒有反映在考試分數上。

改變學習策略

我建議瑞澤調整讀書習慣與學習方式，例如，上課聽不懂就立即發問，不把問題帶回家；注意老師上課強調的重點，複習時不需要讀太細；練習數學習題時，邊算邊說出解題流程，幫助自己確實理解；考卷發下來後，先瀏覽一遍考題，有把握的先寫，不會的擱一邊；把小考答錯的題目抄寫下來，確實訂正與搞懂，考試前再次複習。

當然，最重要的是不能太晚睡。

「這麼麻煩喔？」他面有難色的說。

「還好吧？」

「可是，這樣真的有用嗎？」

「不試試看，你怎麼知道？」

瑞澤陷入思索中。我知道，如何將知道的事情化為行動、實際去執行，是最難的部分。我相信，他很想嘗試新的學習策略，但內心卻有股抗拒的力量。

一方面這陣子內心的無力感累積已久，不太相信自己有辦法再次學得好；另一方面，本來已經如此用功了，採用不習慣的學習策略又更耗時費力，這對他而言是額外的負擔，想到就累呀！

然而，改善讀書效率的第一步，就是得去嘗試過去不習慣的學習方法，而且還要堅持一段時間，若只是三分鐘熱度，又走回原來的老路，當然不會有任何改變。

對於一個已經有點心灰意冷、甚至斷言自己太笨所以考不好的孩子而言，從「知道」

到「做到」的距離真的非常遙遠。

於是，我告訴瑞澤：「你不用一次調整這麼多，從你認為做得到的開始做起就好。剛剛討論到的學習方法，哪一項是你今天就可以嘗試看看的？」

「今天？」

對！就是今天。如果沒有今天就做到，接下來也不可能去做了。而今天若能做到，他便會更有意願繼續堅持下去。

瑞澤決定先把不會的題目確實訂正。於是，他主動去請教任課老師，確實弄懂觀念不清的部分。後來，我們又陸陸續續討論了幾次，逐步調整他的讀書方法，到了國二下學期，他的成績有了起色，眼神再度露出閃亮自信的光采。

持續微調、優化學習策略

從小成績優異的孩子，其實都有一套慣用的讀書學習策略，所以時常在考試中獲得佳績。也因為如此，他們很少重新檢視這套學習策略是否持續有效，是否依然能應付更高強度的學習內容。

因此，在孩子讀書學習的過程，父母需要時時引導孩子回頭探究，了解自己讀書學習時，展現了哪些學習策略。你可以問孩子以下問題：

- 你常使用的學習策略有哪些？
- 這些學習策略的執行流程是什麼？
- 這些學習策略中，哪個對你最有幫助？
- 這些學習策略中，哪些需要調整改善？

孩子時常在父母引導下自我探問，便能在學習過程有意識的監測自己的學習行為與學習狀況，發現學習策略與學習效果之間的關聯，持續微調與優化自己的讀書學習方法。

同時，父母也最好在孩子就讀國小中低年級階段，就及早幫助孩子建立良好學習習慣，以及認識更多有助於學習的技巧或方法。有時候，孩子並非不知變通，不懂得調整使用更有效的學習策略，而是根本不知道有哪些學習策略可用。

本書第三章詳細介紹各種學習策略，讓你陪孩子一起掌握有效學習的關鍵。

06 關心成績優異的孩子

請看重孩子表現過程甚於表現結果，多多指出孩子的努力與嘗試，欣賞孩子面對挑戰的堅持與動機，並願意接受孩子失敗、退步或不夠完美，這些都能幫助孩子明白成功來自過程中的付出，也明白失敗只是一時的。

當你面對未知的挑戰，例如公開演講、向老闆提案、參加比賽等，會感到焦慮或害怕是正常的，然而這或許也是人生蛻變的機會，要是你說什麼都不願意直球對決，可能有兩種原因：

1. 從小到大累積過多挫敗經驗，內心匱乏無力。
2. 從小到大累積許多成功經驗，內心匱乏無力。

第一種原因比較能理解，畢竟一朝被蛇咬，十年怕草繩。如果你曾在台上講不出話來，同時惹來一陣譏笑，打死你都不可能再度上台。從小到大各方面表現總不如人，長大後就會漸漸失去自信，深信自己就是做不到。

許多提早放棄學習的孩子，就是如此。

然而，第二種原因又怎麼說呢？

從小成績斐然、備受讚賞的人，為何會在挑戰面前卻步呢？

簡單來說，不是他們不相信自己做得到，而是害怕如果失敗會發生無法面對的事情。

所謂無法面對的事情，常是「他人的眼光」！

保護完美形象，害怕失敗

有一位明星高中老師跟我聊起他的學生，那個孩子從小成績十分優異，現在仍然名列前茅，彷彿生來就是考試機器。有次國外高中生來訪，學校希望他能擔任學生代表，上台與外賓用英語對談交流。

老師對他的英語口說能力很有信心，沒想到學生卻面有難色回絕了。任憑老師或家長怎麼勸說，他就是不肯答應。

「這麼難得的機會，怎麼不把握？而且他又不是做不到，為什麼要拒絕呢？」

我也很好奇學生拒絕的原因。

老師說：「他說就是不想去，想把機會讓給別人，還說這又沒什麼，他沒興趣！」

這孩子的態度，讓師長們摸不著頭緒。

我笑著說：「我想，是有偶像包袱吧！」

我會這麼說不是沒原因。如此資優的孩子，照理說應該樂於承擔這個人人羨慕的任務，嘴上說「這又沒什麼」或「沒興趣」，都只是托詞，其實是害怕自己做不好。

「但是老師們都認為他的英語相當流利，而且台風穩健、落落大方，根本就是校園中偶像級的風雲人物呀！」老師不解的說。

正因為是偶像，所以有偶像包袱！

他並非做不到，而是擔心若有一點閃失，做得不夠好，別人會如何看待他；多年來苦心經營的完美形象，就要毀在旦夕！

「有這麼嚴重嗎？」

「有！」我點點頭。

這個孩子心中的小劇場，反覆上演這樣的劇碼：

「萬一我沒有正常發揮水準，我就是個失敗者！」

「如果我詞窮說不出話來，所有人都會笑話我！」

「如果我沒達成師長的期待，一定會被他們嫌棄！」

換句話說，為了保護自己在師長與同學面前的完美形象，他不能有任何失誤；而萬無一失的唯一方法，就是不要接下這個任務。

在意他人評價，光環成了包袱

如果我猜得沒錯，這樣的孩子大概是被捧著長大的吧！

也許他天生資質過人，也許他很努力，但每次拿了好成績時，大人會不斷稱讚他：「好棒！」「最厲害了！」「你好聰明！」「真是不簡單！」

就是這些話語把他捧上了天，而且讓他不允許自己掉下來。

可以想見有偶像包袱的孩子相當辛苦，除了需要專注自己的任務，還得時時刻刻在意別人會怎麼評價自己，內心有著「只准贏、不許輸」的壓力。

然而，孩子不是天生就有偶像包袱，是成長過程慢慢長出來的。每當締造一次佳績，被認可讚許一次，偶像包袱就變大了一些。

是什麼把偶像包袱養大了呢？

關鍵是大人在孩子表現好時，給予孩子回饋的方式。

如果大人的肯定總聚焦在孩子表現的「結果」上，例如考了第幾名、贏了多少人、得了多少分、跑得多快等，很少指出孩子在表現「過程」花了多少時間、做了哪些努力、嘗試新的方法、與自己比較的進步時，孩子便會在意成敗結果甚於自己花了多少心力。

如果大人總是有意無意的暗示孩子表現好是因為天資聰穎，常把回饋的焦點放在不可改變的特質上，例如「你這麼聰明，怎麼會考不好呢？」便會加重孩子「只准成功、不許失敗」的形象壓力，因為「要是表現不如預期，別人一定會覺得我是一個騙子」。

於是，孩子把外在評價看得比什麼都還重。

你大概想到了，所謂的偶像包袱，有些類似前文提到的定型心態，相對於成長心態者，定型心態者很容易在困難挑戰前畏戰退卻。

我們在各種比賽場合，不論是繪畫、圍棋、書法、寫作、田徑、音樂等領域，都見過一開始一路過關斬將、勢如破竹的孩子，當比賽段數愈來愈高，便愈來愈抗拒參賽。

不是他實力不夠，而是擔心若沒做到，別人會如何看待他、評價他：「我可能不再是師長同學眼中那顆閃亮的星星了！」

這正是成績優異的孩子需要被關注與協助的地方。

一開始，孩子嘗試挑戰的意願來自於完成任務的成就感；到後來，內在動機消失了，取而代之的是如何繼續維持在別人眼中的形象產生的壓力。

如果自信是建立在他人的正面評價上，那麼即使名聲響亮，內心也常空虛匱乏。

如果你不希望孩子有一天被偶像包袱困住，請看重孩子表現過程甚於表現結果。

多多指出孩子的努力與嘗試，欣賞孩子面對挑戰的堅持與動機，並願意接受孩子失敗、退步或不夠完美，這些都能幫助孩子明白成功來自過程中的付出，也明白失敗只是一時的。

適當休息，擺脫學習倦怠

成績優異的孩子，還會遇到一個常見的困境，就是「學習倦怠」。

「再過幾個月就要學測了，但我發現孩子最近似乎不想讀書，甚至不想去學校。問他在學校發生什麼事都說沒有；問他為什麼不去上學，只說：『讀書究竟有什麼意義？』或『我根本不知道未來可以做什麼？』每次和他談到讀書的事，就發脾氣、不想談，我該怎麼幫助他呢？」

時常有焦慮的父母向我傾訴孩子在學習上遇到困境，連帶親子關係也陷入僵局。這些孩子有個共同點，就是過去的成績表現不差，甚至相當頂尖，但大考前半年開始對讀書意興闌珊，似乎失去學習鬥志。

這是典型的「學習倦怠」，常常發生在國三或高三等面臨大考的孩子身上。所謂學習倦怠，就是努力用功到了彈性疲乏的境地，開始呈現欲振乏力的現象。

眼看大考在即，但孩子卻無心讀書，父母怎麼能不擔心？

但愈想與孩子談談，孩子愈是拒絕溝通；放著不管又不行，實在傷腦筋！

當孩子出現學習倦怠的現象，你得知道，孩子並非不願意用功、更不是放棄學業，而是陷入「愈用力、愈無力」的處境中。

他們通常對自己有很高的期許，但因為念不下書，而感到焦躁、自責、不安，又回過頭來影響讀書的心情。

身旁大人的擔心與責怪，只會為他們製造更多壓力，當他們難以承受，又說不清楚自己到底怎麼了，便常顯得氣急敗壞，或關起溝通的大門。

孩子常說：「說了你們又不懂！」因為他連自己怎麼了都搞不清楚呀！

既然是自我期許頗高的孩子，自然不會輕易放棄學習。只是如果沒有適當休息調整，讓身心狀態恢復活力，只會更加無力疲乏。

信任與支持，孩子會走出困境

我生長在極度重視課業學習表現的家庭，從小父母便為我的課業學習做了許多安排，有些對我有幫助，也有些現在想來根本不需要，但我仍然感謝他們為我做的一切。

在那個年代，國三畢業後緊接著是高中聯考。還記得聯考前一個月，一向用功且成績優異的我，突然變得莫名不想讀書。

當時的我鬱鬱寡歡，整天像遊魂似的在家裡晃來晃去混時間，我不知道自己怎麼了，只知道心中很焦躁，怎麼樣也無法讓自己重拾書本。

父母見我這樣，從沒唸過一句，甚至沒問我到底怎麼了。每天晚餐過後，父親便帶我去看電影，看完後再吃個宵夜。

就這樣，父子倆看了整整一週的電影。

有一天早上，我吃過早餐便拿起書本開始讀書了。我擬定了一份讀書計畫表，完完全全投入課業複習中。經過最後兩週的衝刺，我考上了第一志願。

我至今才知道，當時自己是遇上學習倦怠了，但我實在不知道這一切是怎麼發生的。不過我永遠感謝父母那段期間給了我無限的時間與空間去調整自己，不過問也不干涉。我知道他們也很焦慮，但卻用完全信任的態度，陪我面對心情低落的時光，正是那份信任與支持，成了我最終再度振作起來繼續衝刺的力量。

父母在孩子面對課業困境時，有時候不做什麼要比多做什麼來得有力量。沒做什麼並非代表不盡責，而是對孩子的信任，相信他可以用自己的能力因應課業挑戰，也將課業學習的責任完全的交還給孩子。

陷入課業困境中的孩子，要面對沉重的課業負擔已經夠惱人，若回家還要面對父母的期待與要求，每天聽著一再重複的說教，壓力肯定會加倍，直到他無力招架。

於是，父母的關切與干涉就成了壓垮駱駝的最後一根稻草。

07 正視成績退步的原因

如果能把孩子課業落後的現象當做他們可能在生活中遇到困境的訊息，就有機會提早協助孩子因應困難，就算是無法解決的難題，也能給予支持和同理，讓孩子感到自己並非孤軍奮戰，而更有力量去面對困境。

有個問題我一直很難回答老師和家長，就是：「孩子有網路成癮的問題，如何讓他把注意力放回課業學習上？」

不只這個問題，類似的還有：

「孩子現在忙著談戀愛，怎麼讓他多花點時間讀書？」

「孩子沉迷於看漫畫，怎麼讓他願意多讀點課內的書？」

「孩子老是把時間花在社團活動，都荒廢課業了，怎麼辦？」

網路成癮問題的背後假設，是過度使用網路影響了課業學習成就，似乎解決過度使用網路的問題，自然能將心思放回課業，或讓孩子領悟好好讀書比整天掛在網路上重要，就能讓孩子不再留戀網路，轉而用功唸書。這觀點看似沒錯，卻過度簡化問題的複雜性。

探究網路成癮的真實原因

其實沉迷網路是個假議題。想一想，網路世界（不論網路社群或線上遊戲）與課業學習相比，哪個比較有吸引力？當然是網路！如果我們沒看到問題背後更複雜的影響因素，而把網路和課業並列比較，要孩子二選一，那麼他無論如何也難以從網路世界重返真實人生。

事實上，「成癮行為」與「關係破裂」有著密不可分的關係，任何形式的成癮常來自於現實生活中缺乏有意義的人際連結，而青少年最常見的成癮行為就是網路使用。

我們很常在網路成癮的孩子身上觀察到人際關係破裂的問題，包括與父母的關係緊張、衝突或疏離，以及在同儕間不受歡迎、被孤立、被排擠，或者孩子本身不善與人建立關係。

一個人能在現實生活獲得有意義的人際支持，與家人、朋友有穩定、信任、自在且親密的人際連結，自然會將心力從原本屬於自我破壞行為的網路成癮，重新投入有建設性的活動，例如課業學習。因此要先處理的並非網路使用，更不是課業學習，而是關係議題。

協助解決孩子的困擾

上述觀點可以套用在孩子人生的各項議題，包括親密情感、身體健康、生涯願景、情緒與壓力、社會關懷、自我概念等，每項都在孩子人生中占有很重要的地位，每個孩子現階段選擇關注的焦點也不同。當任何一項人生議題出現困擾，都可能影響孩子的課業學習。

沒有孩子要故意讀不好書，沒有孩子要故意敗在課業學習上，他們大多知道課業學習的重要性，但時常心有餘而力不足，有意願改善成績，卻缺乏堅持下去的動力。

如果一個人將其大部分的內在力量用於應付自己相當關心但難以處理的困境，自然只剩下少部分力量可以用在課業學習上，更何況剩下的這些力量還要分配給其他生活任務。

然而，孩子目前關注的困擾，若未能先被協助解決，心思自然難以放到課業學習上。此時，父母師長花再多力氣與孩子討論課業學習，都是徒勞無功。

孩子會關注的，自然是目前正感到困擾或認為特別重要的議題。如果你和孩子談話時，觸碰到孩子目前關注的事，他通常會很想聊；若能給予多一點的引導，孩子便會侃侃而談，父母自然有機會更了解孩子。

然而，父母往往看到孩子的課業退步了，就急著與他懇談，要孩子多把心思放回課業上，或積極幫他安排補習或家教，而忽略孩子內心的煩惱。

這麼做，只會與孩子的內心更難以連結，關係漸行漸遠。

當孩子感受不到來自父母師長的支持，甚至被指責、被否定的時候，便會閉上嘴、關起心房，到時候大人再怎麼詢問，也只會得到「不知道」、「還好」、「隨便」、「沒事」等令人感到無力的回應。

成績退步背後真正的警訊

試想，名列前茅的孩子突然各科成績開始退步，學習態度也不若以往積極時，身為父母的你，會如何思考這件事呢？

國二的佩雯課業表現一直都很優異，從未讓父母師長擔心過。國二上學期第一次期中考後，各科成績卻如溜滑梯大幅下滑，本來科科都是九十、一百分，現在一個月內的大小考試都只拿到勉強及格的分數。

父母師長都對她突如其來的變化訝異不已。一開始，父母不斷關心她怎麼了？是否課業學習遇到瓶頸了？需要安排補習或家教嗎？但佩雯也說不出個所以然，而成績還是沒有起色。後來，家長心急如焚，對孩子說了重話：「如果不想讀書，就滾出家門！」

老師也找佩雯懇談，問她怎麼會成績退步成這樣，但佩雯總是搖搖頭，說：「我也不知道！」接著，眼淚就從眼角滑落。

有一天，同學發現佩雯手上的傷疤，問她是怎麼回事，佩雯回答得支支吾吾。同學相當機警，直覺不對勁，立刻報告老師。在老師的詢問下，佩雯才回答：「是我自己拿美工刀割的！」

「你這麼做多久了？」

「半年多了……」

原來，佩雯半年前與在補習班認識的男友分手，情緒陷入低谷。白天在學校裝作一切正常，晚上獨自在房間溫習功課時總會想起這件事，整晚以淚洗面，根本念不下書。

這次的情感受創讓佩雯變得魂不守舍，在課堂上難以專注聽課，回到家也靜不下心來讀書。而面對愈來愈艱深的課業，以及不斷退步的成績，佩雯內心焦慮萬分，但是卻也無能為力，更讓岌岌可危的課業表現雪上加霜。

夜深人靜時，佩雯在極度痛苦之下，從筆袋拿出美工刀朝手腕割下去，看著鮮血滲出突然心情輕鬆了一點。傷口的痛蓋過了心裡的苦，也讓她感受到自己還活著。

「你的父母知道這件事嗎？」老師問。

「不知道……」佩雯搖搖頭，接著說：「可以不讓他們知道嗎？」

當然不能，這樣的事一定要通知父母。然而，佩雯在擔心什麼呢？

「我一定會被他們罵死……」

「他們對我最近功課退步已經非常生氣了，如果還知道我偷偷談戀愛，然後又拿刀割自己，一定沒辦法接受！」佩雯邊哭邊說。

類似的故事，我聽過不只一個。

當一向成績優異的孩子功課退步了，大人在焦急之下，只顧著想方設法幫助孩子提升課業，卻忽略了課業退步可能是個警訊，或許孩子在日常生活中遇到困境，特別是難以獨自因應與承受的難關。

小安剛上國中時學習狀況尚可，但第二學期開學沒多久，就常藉故不願到校，缺席次數愈來愈多，成績當然慘不忍睹。父母無法理解孩子怎麼變成這樣，認為他就是在偷懶，或是逃避課業壓力。

直到我與小安談話後，才知道他國一上學期末時，在班上出糗被同學訕笑，此後有幾位同學便常拿這件事取笑他，讓小安覺得很丟臉，開始討厭上學。

第二學期狀況沒有好轉，那些同學依然沒放過他，常在小安面前模仿他出糗的模樣。小安曾向老師反映，老師雖然訓斥了那群調皮的同學，但他們仍沒有收斂，轉而用隱微的方式讓小安難堪。

對小安而言，學校生活宛如地獄，他開始討厭上學，就算到了學校，在課堂上也無法專心，當然會出現學習困難的狀況，考試成績每況愈下，也令他倍感壓力。

當我向小安父母轉述這段故事的時候，他們相當訝異，回頭詢問小安：「你怎麼都不跟我們說？」

「你們又不關心這個！」小安冷冷的說。

如果父母幾個月前就知道小安遇上霸凌，或許不至於演變成今天的狀況，但現在已經發展成拒學，要協助孩子重返校園難度相當高。

找出成績落後傳達的訊息

以前學生來找我談話時，時常一開始告訴我對於成績不斷下滑很擔心，談著談著便說到和朋友相處的事情上，往往說到淚流滿面。

「最近被班上同學孤立排擠，每天都很害怕來上學！」

「我的好朋友現在時常跟別人在一起，好像不太想理我了！」

「每次分組做報告，都是我做得最多，其他人都在混，真的很不公平！」

「我管不住自己的脾氣，老是說錯話，沒有人會喜歡我！」

我知道人際關係上的困擾才是他們此刻最在意的，只是長久以來大人建構的社會期許告訴他們：「把書念好最重要！」

於是，孩子在心裡否認其他事情的重要性。

我會告訴孩子：「我們就來談談你和朋友的關係吧！我想，這才是你真正關心的。」因為孩子真的很期待有人可以和他們談談自己心裡真正關切、但又不敢明說的話題。

如果我們能把孩子課業落後的現象當做他們可能在生活中遇到困境的訊息，就有機會提早協助孩子因應困難，就算是無法解決的難題，也能給予支持和同理，讓孩子感到自己並非孤軍奮戰，而更有力量去面對困境。

身為大人，若只是選擇性重視孩子的某些生活議題，有些看得重，有些不屑一顧，只會讓孩子感覺大人並不支持，而與我們的隔閡愈來愈大。

關注孩子真正的需求

你若問我：「課業學習重要嗎？」

我會二話不說回答你：「當然重要！」

但我從來不認為是最重要的。

人生的課題眾多，課業學習只是其中之一，而各項課題彼此相關，牽一髮動全身，因為人生是一個整體，本就無法單獨切割。

因此，在提供孩子協助時，也要視其需求而定，而非大人說了算。孩子此刻關注的焦點若不在課業學習，硬是和他討論各種能提升其課業表現的學習策略，孩子只會用各種積極或消極的對抗來回應大人。

如果我們願意把孩子當成完整的人，就會去正視孩子成長過程每個重要的面向，這樣才不會讓孩子誤以為只有課業學習才是最重要的事。

其實，人生還有其他生活任務也很需要投注心力去積極經營！

08 溫暖支持，孩子書會讀得更好

父母陪讀的目的，一方面是指導孩子的課業疑難，更重要的是幫助孩子逐漸建立良好的學習習慣。父母需要帶著自覺先安頓好自己，孩子自然能感到安全、安心，不再浮躁，開始靜得下來。

我記得小時候同屆同學育謙不只功課好，才藝更是樣樣精通，雖然我們不曾同班，但他的大名響亮，是朝會時上台領獎的常客，要不認識也難。後來，我們有機會一起上兒童美語班，剛好相鄰而坐，自然就成了朋友。因為他實在太耀眼，我對這位神人等級的學霸打從心底佩服，也常覺得育謙的大腦結構肯定異於常人！某天我無意間發現育謙腿上有一條一條傷疤，面對我的詢問，他笑著說不小心跌倒了，我也不疑有他。但從那時候起，我常聽到別人說育謙三天兩頭被父親毒打。當時，我很難想像如此傑出的孩子怎麼會被處罰。

我們兩人的父親都會來兒童美語班接孩子，他們在等待時，偶爾會閒聊幾句。

「你知道育謙的爸爸管很嚴，還會打他嗎？」父親曾在和我聊起育謙時，這麼問我。

我很疑惑，問爸爸：「你怎麼知道？」

「他爸說的。」

原來，育謙的父親毫不避諱向別人提起自己對孩子的嚴格管教，甚至常用藤條修理；原來，那些傳聞不是假的。但我仍然不解，如此頂尖的孩子怎麼會被打呢？

上了國中，我的課業成績突飛猛進，常常是班上第一名，那位耀眼的明星卻開始墜落。

有一次，育謙的父親打電話到家裡找我。

「志恆，我真羨慕你父母有你這麼會讀書又懂事的孩子呀！」他劈頭就這麼說。

我心想，他的孩子也不差，跟我說這個做什麼？

他繼續說：「我真想放棄我們家那個兒子了！他最近功課一直退步，也不認真積極一點，我怎麼苦勸都沒用。昨天我狠狠修理了他，還打斷兩根棍子！」

他父親的聲音聽起來很激動，但又充滿無力感。

「你可不可以幫我勸勸育謙，或者讓他跟你多相處，看看會不會認真一點！」

後來我才知道，學校裡幾位功課不錯的同學都接到這位父親的電話，當時我就直覺認為他愈這麼做，孩子愈回不來。

擺爛放棄，是孩子的無聲抗議

確實，這位學霸真的變了，徹底變了！

上了國中，育謙開始消極擺爛，不再願意花心思在課業上，又和班上幾位愛鬧事的同學混在一起，更學會了抽菸等惡習。他的個頭一天一天變大，腿上仍常有傷疤，但卻是眼神空洞，一副對人生毫不在乎的模樣。

當時，我大概能理解育謙的心態。他在學習上確實很有潛力，但他的優異表現，有一部分是被打出來的。育謙的父親望子成龍，對他的成績有過高的期待，採取高壓嚴管的方式逼迫孩子讀書，一刻也不能鬆懈，只要成績稍不如預期，就毒打一頓。

當育謙進入青春期，身體發育茁壯且伴隨著力氣變大，不願意再任由父親用高壓方式主宰自己的人生，而且也發現自己不必凡事聽命於父親，甚至有能力與父親抗衡。

於是育謙不肯再花心思在課業上，也不想再當個人見人愛的乖孩子。我相信，在那自暴自棄的樣子背後，育謙是想拿回人生主導權，他要用這種方式向父親宣示：「別干涉我的人生！」

育謙的父親永遠不會明白，過去那個聽話又用功的孩子，怎麼變成如今這模樣？

高壓式陪讀，讓孩子厭惡學習

在課業學習這條路上，家長的陪伴十分重要。

我女兒現在上幼兒園，回家已經有一些作業要完成，通常是簡單的連連看、配對或著色，但我仍會相當慎重的看待。我會要求她回到家要先完成作業，也會適時陪伴與引導她，而更多的是給予鼓勵與支持，讓她能將學習與愉悅的感受連結在一起。

當她上國小後，我勢必得花更多時間參與孩子課後溫書與寫作業等學習活動。

父母陪讀的目的，一方面是指導孩子的課業疑難，更重要的是幫助孩子逐漸建立良好的學習習慣。學習任務對孩子而言常是挑戰，學習過程本身也不全然是愉快的，孩子難免會拖延、會逃避，所以需要透過父母的要求，讓孩子從他律逐漸走向自律。

然而，父母陪讀時若對孩子過度嚴厲或處處干涉，對孩子的學習表現有過高要求，甚至時常批評、責罵或否定孩子，不論成績好壞都一頓碎唸或指責，並時常拿孩子的成績和別人比較，這麼做會讓孩子感到相當挫敗。

有人說，孩子讀書就是要「逼」嘛！不逼，他怎麼願意讀呢？

問題是，當你在逼迫孩子的同時，他感受到的是痛苦與壓力，讓孩子將讀書學習與各種負面感受連結在一起，讓他愈來愈厭惡學習。

若孩子的學習表現能有不錯的成績，成就感會暫時讓他保持一定程度的學習意願，但若怎麼努力還是沒成果，很快就會走向放棄一途。此時，父母再怎麼逼，用打的、用罵的、用罰的，也沒有用。

此外，用過度高壓嚴厲的方式要求孩子的課業，孩子還小時，會願意乖乖配合是因為恐懼，當他長大了，體型和力氣都足以與大人抗衡時，就不怕你了！

我那位學霸同學國中就開始擺爛，我相信並非他學不來，而是想藉此向父親抗議。

過度干涉與要求，孩子會受傷

這些在課業學習上過度干涉與過度要求的家長，展現的是虎爸、虎媽式的教養風格。然而，他們的內心常是焦慮不安的。他們擔心若不這麼做，孩子會輸給其他人，要是小時候就輸給其他人，長大後哪還有前途。

這些父母對孩子有多擔心，對其課業表現就有多要求。於是，他們幫孩子從小安排各種學習活動，展現積極栽培孩子的企圖，不管孩子是否有興趣，逼著去學就對了。他們每天晚上盯著孩子溫習功課，除了學校作業，還額外幫孩子找各種評量來練習。此外，更在意孩子每次的考試成績，稍有退步，就狠狠打罵一頓。

他們為孩子打聽最好的補習班，送孩子到最好的名師門下，計畫性把孩子從小送進私校或資優班，他們總在孩子的讀書學習上投注相當大的心力。

他們常會對孩子說：「我這是為你好！」

但孩子接收到的卻是：「我永遠不夠好！」

孩子在學習上愈來愈痛苦，也愈來愈力不從心。

只是，虎爸、虎媽為什麼如此嚴厲要求孩子的課業呢？在我看來，這些父母的內在常是匱乏無力的，得透過孩子的成績表現來證明自己身為父母的價值。

有一位母親告訴我，她年輕時因為沒機會繼續升學，現在總覺得學歷不如人，內心無比自卑，便全力要求孩子的課業表現。她說：「我不想要孩子像我一樣被瞧不起！」

但很有可能是我們自己瞧不起自己。

有一位父親告訴我，他從小就被這樣高壓嚴管長大，所以自幼成績優異，現在才有這番事業成就。他說：「嚴格要求孩子的學業是應該的，這是父母的責任！」

其實，他的內心早就因此傷痕累累，但他不能說，只能複製過去父母對待他的方式，來合理化自己曾受到的對待。

父母的焦慮，造成孩子的壓力

如果父母沒有足夠的自覺，便會無意識用傷害性手段來督促孩子學習，帶來反效果。

有一位母親問我，孩子在考試前常顯得過度焦慮，無法好好溫習準備，甚至經常考試失常，為此煩惱不已。

我問她都是怎麼幫助孩子的？

「我會要他不要緊張、不要焦慮！但孩子說自己就是很焦慮，他也沒辦法控制！我又問他是在焦慮什麼？孩子說很擔心讀不完、考不好，但愈擔心愈讀不下去。」

「看到孩子這樣，你的心情如何？」我問。

「當然心急如焚呀！他每次都因為焦慮而考不好，我又不知道怎麼幫助他，我也很不知所措，很煩人呀！」

「你擔心孩子的成績表現嗎？」

「當然擔心！要是現在沒跟上以後還得了，未來還有很多考試等著他，萬一升學考試失常怎麼辦？」

母親愈講愈激動，眉頭深鎖，不時嘆氣，她問我有可以緩解孩子考試焦慮的方法嗎？

我回說當然有，但沒和孩子碰面，我也不知道哪一種可行。

我又問：「孩子知道你很擔心他考試焦慮的問題嗎？」

「他當然知道！我常告訴他我很擔心他的課業表現。而且我實在想不透，為什麼他面對考試就焦慮成這樣，別的孩子就不會。」

「孩子對你的擔心，有什麼想法或感覺呢？」

這位母親愣住了，我猜她從未想過這個問題，只是把自己對孩子的擔心，包括諸多無力消化的負面情緒，一股腦兒倒在孩子身上，造成孩子更大的心理壓力。

父母要先安定，孩子才能靜下心來

如果你問我，讀書學習的關鍵是什麼？

我會告訴你，要能「靜得下來」。意思就是學習者必須有能力調節情緒，讓身心狀態保持穩定，大腦掌管理性思考與邏輯分析的部位才能正常運作，產出最佳學習表現。

孩子的身心調控能力尚在發展中，很容易在面對學習挑戰時焦慮不安，最常見的當屬「考試焦慮」。一開始，可能是擔心讀不熟、不會寫或沒考好而焦慮，後來真的因為嚴重焦慮導致沒能充分準備而成績不理想。接下來，開始擔心自己下次又再出現考試焦慮。最後，孩子因為考試焦慮而感到更焦慮，不安惶恐的程度更加嚴重！

此刻，若又吸納周遭大人的期待與憂慮，擔心因為表現不好而讓大人失望難過，孩子就更無法穩定下來。

我告訴這位母親：「在還沒想出比較好的方法前，父母得先讓自己安定下來，這樣你讓孩子感受到的會是安全與力量，而非更多的壓力與自責。」

父母安頓好自己的心情後，可以在孩子出現考試焦慮時，這麼回應孩子：

「我知道你很擔心考不好，所以很焦慮！你會如此焦慮，是因為在意成績，你願意在意課業成績，我是很感動的。或許，你可能也擔心考不好會讓爸媽失望，謝謝你這麼體貼，顧慮到我們的心情。」

「說這些話就行了嗎？」她有些驚訝！

我點點頭，說：「對！說這些就夠了。但要能夠說出這些話，你的情緒必須是穩定的，你得放下擔憂，真誠同理孩子的感受，看見孩子考試焦慮背後的正向意圖。」

有時候光是這樣，孩子就感到好多了。

兒童和青少年的情緒調節能力尚在發展中，很需要父母幫忙。但父母卻常常幫倒忙，甚至因為自己難以消化的擔心、生氣、挫敗或失望，而令孩子的情緒波動更難平復。

你以為孩子需要的是虎爸、虎媽的監督，事實上這種教養風格卻帶給孩子內心更多的不安與惶恐。父母需要帶著自覺先安頓好自己，孩子自然能感到安全、安心，不再浮躁，能夠靜得下來。

父母的存在，也才能成為孩子面對課業挑戰最堅實的支持後盾。

PART 2

點燃孩子的學習動機

09 學習動機是高效學習的起點

要幫助孩子提升學習動機，必須設法增進課業學習的正向情感連結、強化孩子對課業學習價值的認同、增強孩子對完成課業任務的自我評估，以及幫助孩子穩定身心狀態，並進入能專注學習的狀態中。

經歷學習挫敗的孩子，常常有學習動機不足的狀況，他們並非不願學習，而是不相信自己能學得會、學得好，乾脆放棄學習；也有一些孩子仍想再努力看看，但總感到心有餘而力不足。不論是哪一種孩子，外在表現常是拖拖拉拉、被動消極，大人常不明就裡的給孩子冠上「懶散」的標籤，卻沒能理解學習動機低落背後的原因。

學習動機是什麼？簡而言之，就是驅使學習者投入學習活動並展現學習行為的力量。所以，學習動機是一股力量，讓學習者願意花時間和力氣在讀書學習上。

學習動機愈高的孩子，能展現愈多有效的學習行為，採用更多的學習策略，學習成效

圖表 3 內在與外在學習動機

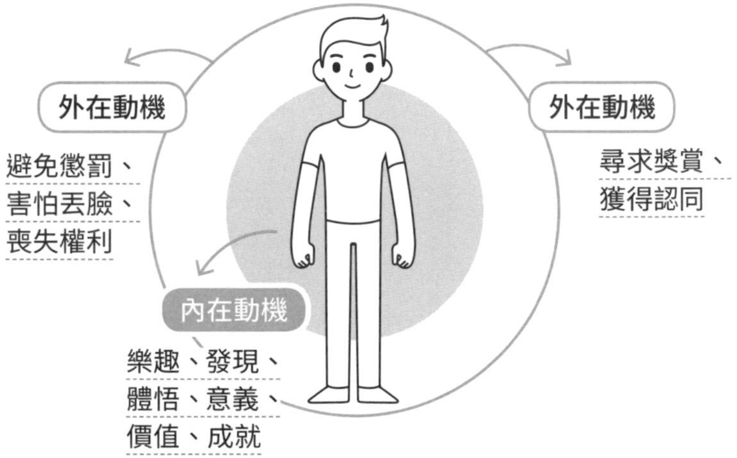

也會愈好。同時，學習動機愈高，愈可能在遇到學習挫敗或艱難的學習挑戰時，願意繼續投入心思，堅持到底，不輕言放棄。

有了內在動機，學習更加積極

既然學習動機是一股力量，它的來源可以出自學習者內在，也可以由外在加諸於學習者身上。前者是學習者在學習活動中獲得成就感、感受到樂趣或發現意義，決定繼續學習，稱為「內在動機」；後者是學習者為了獲得外在獎賞或避免遭受懲罰，願意用功讀書，稱為「外在動機」（見圖表3）。

許多家長都發現，外在動機例如獎懲制度，確實有機會激發孩子的學習動機，孩子可能為了得到禮物或稱讚，而在學習上爭取佳績；也可能為了不要被打罵、被嫌棄、被剝奪玩樂，或是覺得不如人、丟臉等，而多少讀點書。但這樣的外在動機通常不持久，若沒轉換成內在動機，一段時間後便會失效，或外在獎懲消失後，孩子便不愛讀書。

所以，比起獎懲制度的棍子和胡蘿蔔，更能讓孩子堅持努力的是內在動機。

國小低年級時，父母為了讓我願意用功讀書，曾和我約定每次月考若有拿滿分的科目，就能獲得獎金，學期末若考到班上前幾名還能換得大禮物。這對我而言當然是很大的誘因，於是會多花心思複習功課和準備考試；當然，相對的，考不好也得接受懲罰。

然而，我升上國小中年級之後，父母便不再提起這些獎勵與懲罰，我也不再向父母爭取任何獎賞或禮物，為什麼？因為，我嘗到甜頭了！

當我能在付出後獲得佳績、名列前茅，這本身就讓我充滿成就感，對我而言就是最好的獎賞。此刻，我的學習行為已從早期依賴外在動機，轉而由內在動機促發了。

相反的，許多孩子不管父母提供如何誘人的獎賞或祭出嚴厲的處罰，仍然對讀書學習意興闌珊，他們可能會暫時答應要好好讀書，卻依然表現出消極的學習態度，成績常是慘不忍睹。這讓許多父母一籌莫展、相當無力。

外在獎懲對年紀較小或學習剛起步的孩子確實有些效果，但若只靠著不斷和孩子交換條件，要求他認真念書，而沒有其他激勵策略，最後常是失敗收場。

學習動機的四個來源

試想，你在書店看到這本書或在網路上看到別人推薦這本書，當你思考是否花錢把書買回家時，你是怎麼做決定的？

再想一下，你已經擁有這本書（謝謝你做了正確決定），當你讀到這裡覺得有點難懂時，你考慮著是否繼續讀下去，還是先擱著改天再讀？或乾脆別讀了，改看其他同類書籍？又或是先跳過這個章節，之後再回頭細看？你是怎麼做決定的？

我們會決定這麼做、不那麼做，是因為大腦面對複雜情境時，會快速評估各項因素並進行綜合分析，根據分析結果決定下一步行動。因此，動機也可以說是一系列成本效益分析後，所產出的結果。

同樣的，孩子願意花多少心思與時間在讀書學習，例如放學後是否要完成回家作業、考前是否要溫習功課、上課是否要專心聽講等，大腦的評估分析也在過程中扮演重要角色。

綜合多位教育學者的論點，並結合我長時間的實務觀察，我認為學習者會根據情感、

圖表4 學習動機的四大來源

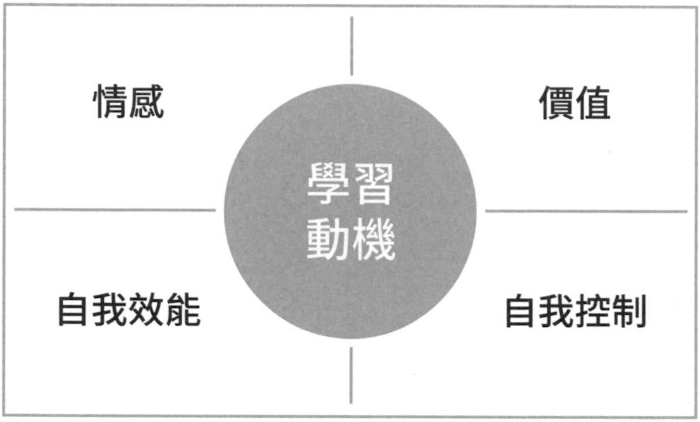

價值、自我效能及自我控制這四項因素，來判斷與決定是否投入心力到學習中。

這些因素也正是學習動機的四大來源（見圖表4），決定一個人學習動機的高低以及展現多少質量的學習行為。

1 情感——學習過程是否有趣好玩？

如果學習內容本身有趣、好玩，是孩子感興趣的，或者與日常生活有更多的連結，孩子會比較願意學習。另外，老師的教學方法如果生動有趣、變化多端，上課時能牢牢抓住孩子的目光，孩子也比較願意學習。

現在許多老師力圖翻轉教學現場，課程設計不再以傳統的講述法為主，而是融入更多的分組、競賽、討論、實作、媒材、解謎、桌遊等多元教學技巧，正是希望在這個注意力稀缺的時代有效吸引學生目光，讓學生在課堂上感受到不枯燥無聊、甚至煥然一新的學習體驗，藉此提升學習效果。

當然，師生關係和學習氛圍也很重要。如果老師對學生友善尊重、能關心學生個別需求，相對的老師也會受到學生歡迎，學生通常會連帶喜歡上這位老師的課程，花更多時間與心力在這門課程中。

這讓我想到一位資深前輩說過：「如果你要學生熱愛你教授的課，你得先讓學生喜歡你！」換言之，學生不會喜歡自己討厭的老師所教的科目。

同樣的，在家裡寫作業或溫習功課時，父母總在一旁緊迫盯人，不斷碎唸或催促，營造出肅殺高壓的氣氛；檢查作業或檢視考試成績時，時常指責、否定與挑缺點，鮮少鼓勵或肯定，孩子自然會覺得學習是一件痛苦的事，進而愈來愈排斥讀書學習。

總而言之，孩子在學習過程中，體驗到的正向情感若多於負向情感，孩子會更願意學習；若厭惡感多於愉悅感，孩子對學習則會退避三舍、敬而遠之。

2 價值——讀書的好處或重要性是什麼？

即使老師再怎麼力求教學活化，教材內容活潑、生動、連結日常，但讀書學習本身仍是充滿挑戰。不管是完成作業或準備考試，常是枯燥無味，甚至苦不堪言。不過我們願意為眼前看似辛苦的事情持續下功夫，就是為了獲得更長遠的好處。

大人常常以過來人的經驗告訴孩子：「現在好好讀書，長大才有前途。」意思就是，書讀得好能翻轉命運，像是找到好工作、得到豐厚收入，以及過上更好的生活。

也有人說，現在學校所學不見得未來都用得上，但讀書可以讓我們的未來擁有更多選擇。因為當你進入好學校、擁有高學歷、習得豐富學問，無形中，你也掌握了更多資源。如果孩子認同這樣的價值，就會願意犧牲眼前的玩樂，努力用功讀書以獲取美好未來的門票。

你可能會非常驚訝，現在仍然有家長會告訴孩子：「讀太多書沒有用。」要孩子完成義務教育就好，能念繼續念，不想念就趕快去工作。一般觀念中，這些孩子的家庭社經地位通常不高，甚至是經濟弱勢族群，父母沒受過良好教育，整天為生計忙碌不堪，不太重視孩子的課業表現，對孩子的教育期待自然也不高。其實這樣可能會造成階級複製的現象，讓下一代也成為經濟弱勢。

一般重視孩子教育的家長，通常會和孩子討論讀書學習的價值，同時也會不斷灌輸孩子讀書學習如何重要。然而，即使孩子知道並認同讀書學習的重要性，明白現在的學習表現攸關未來的職涯發展，但卻不一定都能展現積極的學習行為。

顯然，只是找到學習的意義或價值，還是不夠。

3 自我效能——我是否有能力完成眼前的學習任務？

同一份數學習題擺在眼前，有些學生興致高昂的一題一題解下去，有些則愁眉苦臉、手撐著頭，怎樣也無法下筆。為什麼後者不如前者積極呢？很可能與「自我效能」（Self-Efficacy）有關，也就是他們內在對自己是否能完成學習任務的評估。

自我效能的概念最早是由社會認知理論心理學家亞伯特・班杜拉（Albert Bandura）所提出，是指個體對於自己是否能完成某項任務的推測與評估。對某項任務的自我效能高，便會相信自己有能力完成該任務，進而展現積極的行動，即使那是一項艱難的挑戰。

放棄學習或低學習動機的孩子，對於學習的自我效能普遍不足。他們不知道從什麼時候開始，逐漸對自己的學習能力失去信心，不再相信可以藉著付出努力或是改良學習方法提升學習表現。他們認為自己天生就「愚笨」、「不是讀書的料」、「不夠聰明」，替自己貼上「我不可能學得會」的標籤。

「自我效能」既然是一個人對自己是否能完成任務的推測與評估，那麼推測與評估的依據是什麼呢？最重要的是，過去完成類似任務時的成敗經驗。

如果，一個孩子從一開始學習寫作就怎麼也寫不好，好不容易擠出幾個字，還被大人批評挑剔，他便不再相信自己能寫出一篇理想的作文，對寫作的自我效能低落。未來只要遇到寫作，這孩子就會心生恐懼或試圖逃避，甚至擺爛放棄。

如果，一個孩子一直以來數學成績平平，為了得到更好的成績，比過去更認真聽講，並拚命演算習題，接下來的考試成績卻不升反降。他想再給自己一次機會，但內心已有陰影，在學習數學時總是焦慮、無法專心，深怕自己努力後的結果仍不如預期。果然，下一次的數學考試他又失利了！就這樣，對於「學好數學」這項任務的自我效能，持續下滑中。

可以想見，在學習上受到創傷的孩子，自我效能常常相當低落，過去的經驗讓他們相信自己不可能學得會、學得好，當然也會對課業學習表現出毫不在乎或興趣缺缺的樣子。

4 自我控制——我在學習時的身心狀態如何？

所謂自我控制，就是要求自己去做好該做的事，或避免去做不該做的事。這需要抑制人本身好逸惡勞、趨樂避苦的原始本能，堅持投入心力在吃力不討好的苦差事上。

通常，在正向愉悅的心情中學習效果較好。但是隨著孩子的年齡漸增，課業內容加深、加廣，作業與考試也愈來愈多，學習上的挑戰只會愈來愈大。學習過程不可能一直開心有趣，再加上外在誘惑很多，讀書學習就得靠孩子自己做到自動自發。

能自動自發，也就是能做到自我控制，像是能長時間專注於學習任務中，避免分心，或是能抵擋外在誘惑，堅持完成課業學習後才去玩樂。甚至可能需要很長一段時間都處於高度警戒的備戰狀態中，毫不鬆懈，例如參加升學考試之前。

自我控制與身心穩定狀態有關，特別是一個人的情緒安頓能力。孩子的身心狀態愈穩定，在面對挑戰、壓力或枯燥無聊時，愈能安撫內心的不安情緒，愈能靜得下來好好學習。

孩子情緒調節能力的發展始於家庭。如果孩子在早期的家庭生活中，經常處在充滿變動、缺乏關愛、衝突不斷甚至暴力相向的環境氛圍，孩子的內心常是緊張不安的。

當孩子帶著極度不穩定的情緒狀態去上學，只要面對稍難的課業內容或老師的要求較多，就會感到一股巨大威脅，因而恐懼不安，也會有更多的挫折感。如此一來，當然難以在課堂上專注學習，課後也沒辦法完成作業，這些學習結果全部反映在考試成績上。長期的學習低成就會使孩子的自我效能愈來愈低，終至放棄學習。

甚至，不佳的情緒調節能力也會讓孩子與同學相處時，因為一些摩擦而情緒失控，造成同儕或師生關係緊張、對立。學校生活的不如意，更回過頭來影響孩子的學習動機，對學校及學習整體感到焦躁、厭惡或無力。

前文提過，近三十年來，醫學或心理學領域對童年逆境經驗的研究已經發現，童年時期（十八歲以前）若曾經歷身心虐待、暴力相向、疏忽照顧、性侵害、父母離異、家中有人吸毒、入獄、嘗試自殺等不利因素，會直接或間接衝擊到成年之後的身心健康、家庭經營與職場發展等。童年逆境經驗對孩子身心發展的危害，首當其衝的就是學習功能。

大腦掌管學習的部位為前額葉皮質，同時也主導一個人專注、理性、分析、推理、判斷及做決定，還有情緒調節與情緒控制。當大腦的學習系統受損，便無法有效抑制來自下層腦（包含「腦幹」與「邊緣系統」，掌管呼吸、心跳、血壓等生存基本需求的情緒中樞）的原始欲望與情緒衝動，難以做好自我管理，當然也難以展現讀書學習時應有的專注力或意志力。

除了童年創傷等早期不利因素影響孩子的身心穩定度，孩子本身若有發展性障礙，例如注意力缺陷過動症（ADHD）、自閉症、亞斯伯格症，或在特殊教育上有學習障礙（包括閱讀、識字、書寫或算術等方面有困難），在學習上都會比一般孩子出現更多的學習困難，也會有更多的學校適應問題。

不管是先天不良或後天失調，種種學習瓶頸長期累積，常讓這些孩子對學習感到欲振乏力，漸漸失去學習欲望，陷入放棄學習的泥淖中。

點燃動機，讓學習動力源源不絕

情感、價值、自我效能與自我控制這四個影響學習動機的因素，究竟哪個最重要呢？答案是都很重要，它們分別扮演不同角色。

情感和價值扮演的是點火的角色，也就是孩子在學習中感到正向愉悅的情感，以及找到並認同讀書學習的價值，都能引發孩子的學習意願，進而開始學習。

然而，這把欲望之火要能繼續燃燒，甚至愈燒愈旺，光有情感和價值是不夠的。我們都知道，年級愈高，課業學習愈常是苦差事；即使知道學習對未來很重要，但就是很想放棄。這時，自我效能與自我控制就得發揮讓學習動機繼續維持的關鍵功能，守著隨時可能熄滅的學習欲望之火，甚至持續添加柴薪，再用力搧風，讓學習動力源源不絕。

現在，我們已經了解學習動機主要來自情感、價值、自我效能與自我控制四大面向，可以問問自己：「孩子的學習欲望低落，究竟是卡在哪個面向？」

我直接告訴你：「都有可能！」

沒錯，這四個面向彼此之間關係緊密、環環相扣，所以要幫助孩子提升學習動機，必須同時從不同面向著手，包括設法增進課業學習的正向情感連結、強化孩子對課業學習價值的認同、增強孩子對完成課業任務的自我評估，以及幫助孩子穩定身心狀態，並進入能專注學習的狀態中。

這樣一來，父母不用只是想著如何獎勵或懲罰孩子，總是透過條件交換來讓孩子願意讀點書，我們其實還有其他選擇，可以幫助挫敗累累的孩子重新點燃對學習的欲望之火。

接下來進一步討論，如何從情感、價值、自我效能與自我控制四大面向著手，幫助孩子挽回失落已久的學習動機。

10 覺得有趣，就會學得起勁

想要從「完成學習任務」本身獲得樂趣，任務難度應該要是自己能力所及的。孩子會在這個過程感受到自己對任務有充分的掌控感，進而信心十足、對挑戰躍躍欲試。

先從學習動機的第一個來源「情感」談起。

現今不少學校老師體認到，想要讓學生願意學習，得要先讓他們對學習內容感興趣。想讓他們對學習內容感興趣，則要先讓他們在課堂有正向的情感體驗。

不論大人或小孩，其實都偏好上課時幽默風趣的老師，在這樣的課堂上，會吸收得比較好。回想學生時代，我其實滿喜歡去補習班上課，不是補習班老師教得比較好，而是他們通常口才不錯，常說笑話逗得學生哈哈大笑。

在此同時，各種新穎教學法應運而生，包括在課堂上分組競賽、討論、報告、演練，更多的實作體驗，減少單純講述的比重。甚至讓學生當老師，練習上台講課。

然而，與看起來總是充斥歡笑、熱鬧與高度互動的課堂風貌相比，更重要的是良好的師生關係與友善的教室氛圍。否則，孩子只是看完一場精采的教學表演秀，就沒後續了。

在拆解疑難的成就感中得到樂趣

除此之外，在連結學習的正向情感這個層面，如果學科知識或學習內容本身具有生活應用性，孩子有機會看見課堂所學與日常生活真實問題的關聯性，甚至體驗到課堂所學能幫助自己解決或解答生活中的疑難雜症，便會萌生學習意願。

但問題是，並非每種學科都能讓孩子明顯看見學習內容與實際生活的關聯性。曾有人在網路上發問，中小學的哪個科目對生活最沒幫助？猜猜看，多數網友的答案是什麼？是數學。理由是日常生活除了加減乘除基礎四則運算，好像用不太到其他更高深的數學原理。真的嗎？

數學老師可能會跳出來說：「數學是科學教育的基礎，是無法取代的基礎學科。」也有人說，透過數學可以解釋世間萬物運作的原理。還有人說，數學其實是一種邏輯訓練。

但是不管怎麼說，多數孩子（或大人）總是看不出眼前的數學公式以及定理與日常生活到底有何關聯。

除了數學，還有其他學科知識，像是背誦古文、歷史朝代等，常會聽孩子抱怨：「學這個要做什麼，又用不到！」

我們該如何引發孩子對「無用之學」的學習興趣呢？

這讓我不禁思考，擅長數學以及喜好鑽研數學問題的人，對比那些一想到數學就焦慮，視數學為洪水猛獸的人，到底有什麼不同？是什麼原因讓擅長數學的人對數學樂此不疲？答案是，做這件事，也就是鑽研數學，本身就會帶來樂趣！

數學迷人之處或許不在於幫助人生變得更好，而是解開疑難的過程，本身就充滿了魅力。所以，讓孩子一頭栽進數學世界的最好方式，就是讓孩子體會到解開數學疑難時的那種成就感。

許多人大概都是從高中開始對數學心生厭惡的吧！因為高中數學考題真的不是普通難。還記得我高中時，老師為了應付無止境的難題，常會跳過基本題直接教解題過程複雜的題目，同學們也自然而然拿起難題就做起來了。

我高中第一次月考的數學成績慘不忍睹，為了拯救數學成績，我便拿起參考書直接挑戰最難的題目，因為我知道老師會選最難的題目當考題。問題是我還沒搞懂基本定理，面對的又是超過自己能力太多的難題，當然挫敗連連。

但考試要考，怎麼辦？只好不求融會貫通，而是背好每一題的解法，這樣數學怎麼可能學得好，又怎麼會嘗到解開疑難的成就感？許多同學和我一樣，從此看到數學就頭痛。

高三時換了一位數學老師，他要我們別做難題了，從基本觀念重新教起，從最簡單的題目帶著我們作答，再接著挑戰更難的題型。那時我才終於了解先前怎麼也搞不懂、只能死背解法的題目背後的運算原理。

創造心流體驗，感受正向情緒

讀書學習的過程常是枯燥無味，有時候我們得引導孩子如何從「完成學習任務」本身獲得樂趣。而想要從中獲得樂趣，任務難度應該要是自己能力所及的。

網路遊戲之所以吸引人，也與此有關。打怪練等級，闖關難過關關過，這過程本身就是酬賞，讓人願意花更多時間與精力在其中。有時候讀書學習的過程也可以如電玩一般，令人上癮。

心理學家米哈里・契克森米哈伊（Mihaly Csikszentmihalyi）提出的「心流理論」（Flow Theory），就是一種全心投入、神馳忘我的經驗或狀態。當一個人進入心流時刻，彷彿轉換至類似「自動運轉」的模式，此刻完全沉浸於當前任務，忘記時間、忽略外界動靜，甚至不會感到肚子餓。在心流體驗中，技能表現到達顛峰，完成任務時，感受到豐沛的愉悅、滿足等正向情緒。

正向心理學家馬汀・塞利格曼（Martin Seligman）曾說，「全心投入」的狀態是一個人幸福的來源。

許多人曾在學習過程中進入心流體驗，像是閱讀、整理筆記、寫作或解題。回顧我的學習歷程，有時也會研讀課業到專注忘我，或突然手感奇佳，解題如有神助，不斷解開一道又一道難題，完全沒意識到時間的流逝。當然，這樣的時刻可遇不可求，讓讀書學習不再是苦差事，甚至期待下一次心流體驗的到來。那麼，如何讓心流發生呢？

當任務難度可以和自身的技能程度互相配合時，特別容易進入心流狀態。我們會在這個過程感受到自己對任務有充分的掌控感，進而信心十足、對挑戰躍躍欲試。因此，就算很小的孩子，也可以擁有心流體驗。

循序漸進，增強信心

這給了我們一個重要啟示，如果正向情感體驗是學習動機的來源之一，那麼心流狀態正好能帶來正向情感。

因此，如果大人要讓孩子不再恐懼數學（或任何科目）或對數學產生熱情，就要設法幫助孩子充分理解並解出當下正在學習的題目，哪怕只有一、兩題也好，不求多，能解開就好了，不過得留意必須要是適合孩子能力水準的題目。

理想狀況是學校老師設法細切學習內容，依照難易度設計題目，由易而難依序讓孩子練習。現實是老師在課堂上動輒面對二、三十名甚至更多的學生，很難完全根據每個人的能力水準給予適切難度的練習。

然而，家長卻能透過孩子平日的作業與考卷，觀察到孩子面對各科題目時的答題狀態，評估孩子的能力水準是否能與目前的題目難度相配合，再提供孩子適合的練習評量。

我們不難發現，中小學的學習內容設計都有其邏輯，每科都是由簡單到複雜、由基礎到進階，循序漸進，前一個階段的觀念沒搞懂或不夠精熟，便會影響下個階段的學習。

小學生家長可以從孩子的回家作業或考卷中，發現孩子尚未完全弄懂或理解的題目，家長不妨帶孩子釐清相關概念後，再練習幾次類似題目。若孩子仍然卡關，表示他還有更基礎的部分尚未精熟，需要回頭去確實弄懂卡住的地方，再繼續挑戰更難的題目。孩子每成功解出一題，就是一種自我增強，同時也在前一題的基礎下，繼續挑戰更難的題目。

孩子到了中學階段，家長或許已經無法指導孩子的課業了，但孩子若能發展出自我觀察與自我評估的能力，便能從作答或解題中了解自己目前的能力水準，哪些已經懂了？哪些還一知半解？

在還沒充分理解基礎題目前，不應貿然挑戰太困難的題目，否則只會挫折連連。同樣的，不論是面對哪一科的考試，我們可以叮嚀孩子從簡單的題目開始著手，先完成有把握的。每完成一題，就會增加一分信心，然後再繼續挑戰更難的題目。這樣的經驗不但能讓孩子從索然無味的學習內容找到些許樂趣，更能幫助在學習上受到創傷的孩子重新改寫學習經驗，從「我學不會」轉變成「從能學會的開始，我會愈學愈好」。

問題是，大人總是很急，在孩子還沒準備好時，就急著安排他們提前學習。例如要求學齡前的孩子學習注音符號或英文讀寫，不斷強迫孩子記住所學，還常常要考試驗收成果，等到了真正適合學習的年齡時，孩子的學習胃口早就壞掉了。

這種看起來是在超前部署的行為，事實上孩子根本就是「輸在起跑點」！

回顧心流體驗，重溫美好感覺

當孩子的學習卡關，或對學習感到挫折時，大人不妨帶著孩子回想一下，是否曾經有讀書或解題很順利的時候？問問孩子：

「當時怎麼會那麼順？」

「是怎麼進入那個狀態的？」

「你做了什麼事？」

「回憶這個狀態時，看到什麼畫面？聽到什麼聲音？身體有什麼感覺？」

我曾引導一名國中生進行心流體驗的想像練習，先是請他坐下來，閉上眼睛，然後做幾個深呼吸，讓內在平靜下來。

我問：「回想一下，之前寫作業或複習功課時，全心投入、思緒清晰或感覺很棒時，是什麼狀況？」

「我記得很久以前有一次在做數學練習卷時，感覺還滿順的。」

「好，很好。當時你發現自己作答時渾然忘我，而且很有成就感，是嗎？」

他點點頭。

我繼續說：「太好了！現在我要邀請你用想像的方式，讓自己完完全全回到那次的經驗中，去看到你看到的，去聽到你聽到的，去感覺身體的感覺，完全回到那個時候，重新體驗當時的狀態。」

他持續專注在自己的內在世界，我透過這樣的引導，讓他有機會重新進入心流狀態。

「好，很好！持續讓自己保持在這個狀態中，繼續體驗這種專注忘我的感覺。你可以告訴我你看到什麼畫面或發生了什麼事嗎？」

「我坐在書桌前，看到桌上有考卷，我握著筆一題又一題不斷的寫。有一題不太確定答案，我先跳過去，全部寫完後再回來想一下，就會寫了。」

「很好！我很好奇這一切是怎麼開始又怎麼結束的？中間發生什麼？」

「我寫考卷前先看過一次課本，也溫習了筆記，然後就開始作答了。我發現自己竟然都會寫，而且作答速度很快，寫完時，考試時間才過沒多久。」

「很好，現在我要你將注意力放在身體的感覺上，去感受全心投入時的身體感覺，甚至注意此刻身體呈現什麼姿勢、呼吸的速度與頻率，試著讓身體記住這樣的狀態。」

我看著持續專注在心流體驗中的孩子，告訴他：「讓身體記住這個感覺，下次你要開始讀書或考試前，可以先閉上眼睛，喚回這個全心投入的美好感覺，再開始讀書或作答。」

你可以試著與孩子一起探索他過去讀書學習時出現心流體驗時的身心狀態。當然，孩子很可能會說想不起任何溫習功課或寫作業時的心流經驗，因為只要想起讀書學習，就感到挫敗沮喪。

也可以引導孩子從課業學習以外的經驗回想心流體驗，像是畫圖、勞作、拼圖、組合積木、閱讀故事書時全神忘我的身心狀態，也是很好的資源。當面對無聊或困難的課業挑戰時，試著先「召喚」出這種感受，再開始進行學習任務。

完成任務，帶來成就感

投入某個任務本身就能帶來樂趣，在某種程度上，這可以解釋為什麼有些人會對吃力不討好的事情樂此不疲，因為最大且最即時的誘因是完成任務本身帶來的成就感，而非做了某事會獲得什麼實質利益或獎賞，或是得到他人的肯定。

這讓我想到，即使自己再怎麼努力工作，手邊的紙上仍寫滿待辦事項，我也和多數人一樣，只要瞄到待辦事項清單，總會有股厭世感。

不過，我的做法是每當做完一項工作，便會拿筆劃掉，「看到一項工作被劃掉」的感

圖表5 羅列待辦事項清單

待辦事項清單

1. ~~練習鋼琴~~
2. ~~完成週記一篇~~
3. ~~數學習題 3-5、3-6~~
4. ~~背誦 L7、L8 英文單字~~
5. 練習閱讀理解測驗 Ch 5
6. 訂正地理考卷
7. 與同學討論園遊會活動的規劃
8. 查生物報告資料

覺很過癮，這為厭世的心情帶來些許解脫，讓我願意繼續投入無止境的海量工作中。

同樣的，孩子每天放學回到家有好多的作業要寫、好多的功課得複習，想到就覺得非常厭煩，我們可以請孩子將所有學習任務統統條列下來（見圖表5）。

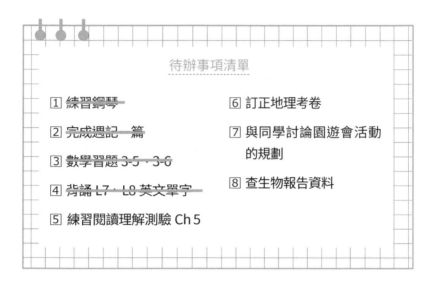

在開始進行前，先規劃執行任務的先後順序。接著，每完成一項任務就劃掉一項（或打勾做記號），隨著被劃掉的項目愈來愈多，孩子會愈來愈有成就感。

這方法也適用考前複習。許多孩子在面臨大型考試時，會為自己擬定考前複習計畫，規劃各個時段、各科目的複習進度，每完成一項進度，就劃掉一項，當看到劃掉的項目愈來愈多時，會知道自己正逐步完成讀書計畫。看到自己走過的足跡，帶來滿滿成就感，進而願意繼續堅持下去。

11 找到課業學習的價值

讓一個學習者能堅持投入課業學習的價值、意義或目的不應該是單一的，可以是多種的，最好同時兼具自我導向與他人導向性質，而且這兩者彼此獨立不互斥。

我時常有機會到校園帶領中學生或大學生的學習策略工作坊，我常問學生一個問題：「為什麼要來學校讀書？」學生會出現兩種反應，一種是露出「本來就要來」的表情，彷彿這是個蠢問題，另一種是愣在那裡，陷入思考，彷彿從沒想過這個問題。我之所以問這個問題，就是想要討論課業學習的價值。

我們會為某事投入心神，是因為認定這件事有價值。我們幾乎可以找到任何行為背後的價值，也就是預期做這件事能帶來好處或體現某些意義與目的。

在工作坊中，我進一步問孩子：「讀書學習絕對不輕鬆也不容易，你們為什麼仍然願意來學校讀書呢？」

當我換個問法之後，各式各樣的答案就紛紛湧現。

「被父母逼的！」

「政府規定的！」

「不來學校也不知道要做什麼！」

「在家更無聊！」

「可以交到朋友。」

「學習新知、增廣見聞。」

「為了考上好學校，找到好工作。」

「為了前途著想。」

我們會發現，孩子對於「為什麼來學校讀書？」的答案十分多元，而且相當個人化。也就是說，驅動孩子願意投入課業學習的理由，並非絕對，也非單一。只要孩子認同這份價值，且對孩子本身具有意義，便能在他們的學習動機上扮演關鍵的驅動力量。

因此，時常和孩子討論這個問題，其實是要幫助孩子找到支持他們持續學習的個人化深層動力。

找到學習的目的，壯大學習動力

《恆毅力》（*Grit*）這本書旨在探討「如何對某些領域有持久的熱情與堅持到底的毅力」，作者安琪拉．達克沃斯（Angela Duckworth）從對卓越人士的大量訪談以及研究中發現，擁有恆毅力的人，多半深深認同自己正在做的事非常重要，也就是持久熱情的底下，其實有一個或多個「目的」在支撐著。

她進一步歸納，這些「目的」的來源主要有二，一個是只和自己有關的，稱為「自我導向目的」，一個是「他人導向目的」，亦即與自己以外的其他人有著連結，例如家人、朋友、社群或人類全體福祉等。

從孩子對於課業學習價值的回應，我們也可以發現這兩種目的的來源，有些是自我導向的，例如：

- 考試成績優異讓我很有成就感。
- 獲得新知令我興奮。
- 我喜歡解開難題的感覺。
- 用功讀書考上好大學，有助我找到好工作。

☑讀書可以幫助我實現理想。

還有一些是他人導向的課業學習價值，例如：

☑為了不讓父母擔心，我要好好讀書獲得好成績。

☑只要能考上國立大學，就能光耀門楣了。

☑如果功課變好，我就有勇氣追求心儀對象。

☑如果我的成績進步，有助於提升全班平均成績。

☑為了與更多聰明絕頂的人來往，我要努力考上頂尖大學。

☑為了幫助更多人，我要用功讀書考進某個大學校系。

達克沃斯發現，同時擁有「自我導向目的」與「他人導向目的」的人，最能對自己有熱情的事堅持下去，願意花更多時間，而且愈不容易放棄，也愈有使命感。

這項研究結論或許也可以套用到課業學習動機上，讓一個學習者能堅持投入課業學習的價值、意義或目的不應該是單一的，可以是多種的，最好同時兼具自我導向與他人導向性質，而且這兩者彼此獨立不互斥。

十幾年前我剛進入輔導與諮商研究所就讀時，同學們都很好奇彼此進入這個研究所的原因。有些同學和我一樣大學念的是本科系，有些則來自其他領域，大部分同學都夢想取得諮商碩士學位，接著考取心理師證照，從事專業助人工作。

為什麼想從事心理諮商工作呢？答案不外乎想幫助別人，或在幫助別人的過程，感受到自己的價值和重要性，還有個同學說：「我從小的夢想就是穿白袍，以後到醫院當心理師，就可以穿上白袍了！」大家聽完都笑了。

突然有個同學發言：「其實我只是想更了解自己。我接受過心理諮商，很有幫助，但對自己仍不夠了解，所以直接來讀心理諮商，看能不能找到人生答案。」

這時不少同學紛紛點頭，似乎很有共鳴。

另一位同學也說：「其實，我也接受過心理諮商，所以對這個領域很好奇。」

接著又有一位同學說：「我也是，我曾經受到幫助，所以未來也希望可以幫助別人！」

這時另一位同學開口，他話鋒一轉，說：「其實，我是看好心理師這個領域頗有出路，想說轉換跑道試試看。」他說完後，也有不少同學點點頭。

那時候輔導與諮商研究所十分難考，尤其是跨領域，許多同學都得補習才能考上，顯然下了十足決心，而這些決心與付出的背後，有著各自不同的理由。

這讓我想到，曾有一位高中生與我分享他努力讀書的原因，是想進到可以幫助他人的科系，他是為了經世濟民而發憤用功，在讀書的過程，他也屢屢因為獲得新知或解答疑難而體會到無比的喜悅、興奮與成就感，於是有了繼續學習的動力。

連結到我的經驗，自從開始規律寫作後，我要求自己每週至少產出一篇約一千五百字的長文，發表在個人網站。由於靈感不會天天找上門，每當提不起勁寫作想偷懶時，便會想到開始寫作後，我常能進入忘我的「心流」狀態，而且十分享受這種感覺。若作品能觸動讀者內在、引發共鳴，並獲得正向回饋，我就知道自己的努力對世界是有貢獻的。於是我又繼續敲起鍵盤。

所以，課業學習的價值也最好能同時與「個人」及「他人」有所連結，驅動個人堅持學習的力量最為強大。

思索課業學習的價值，增強學習動機

過去我們總告訴孩子，讀書不是為了父母，更不是為了老師，而是「為了自己」，似乎這樣的想法才是正確的。然而，在人類的群居生活裡，每個行為都與他人有關，找到一個能超越自我並與更多人產生連結的目的或意義（也就是利他動機），或許對某些行為有更強大的驅動力。我建議，若要幫助孩子更有學習動機，父母不妨常常利用各種機會與孩子討論課業學習的價值。

可以這麼問孩子：「你認為為什麼要去上學呢？」孩子可能會說出各種答案，父母可以再接著問：

「你最認同哪些答案呢？」

「你為什麼願意每天去上學？」

「你願意學習的動力是什麼？」

慢慢引導孩子思考與覺察：他認同什麼樣的課業學習價值？支持他面對學習挑戰的理由是什麼？哪些理由與他自己有關？哪些與他人有關？父母要常常透過提問與孩子討論這些問題，不需要預設答案，也不該有標準答案，更忌諱藉機對孩子說教。與孩子討論這些問題，只是要幫助他們對「課業學習的價值」這個議題有更多反思，進而慢慢找到屬於自己的答案，藉以提升學習動機。如果孩子現階段沒辦法回答這些問題，也沒關係。

年齡小一點的孩子，像是幼兒園或國小低年級的孩子，可以透過凸顯讀書學習的實用價值，來增強他們的學習動機。

例如，我女兒還很小時，我們就有親子共讀的習慣，當然是我讀給她聽。等她大一點，上了幼兒園，對書本內容有更多好奇，我趁機告訴她：「以後你在學校會慢慢學到注音符號，那時候就能自己讀書了。等上了國小，還會學識字，就可以讀更多書，會懂得比爸爸媽媽多喔！」

這會讓孩子對學習有所期待。

記得國小二年級時，有次陪母親去市場，菜販找給她的零錢有誤，我連忙告訴她。事後，母親除了稱讚我，還說：「你看，你有能力發現人家算錯錢，是因為在學校學會算術，當你學會愈多，能力就會愈強喔！」這是我第一次感覺到知識就是力量。

討論生涯目標，啟發自主學習

到了孩子國小高年級或國中、高中階段，這招就行不通了。多數青少年早已知道在學校裡學到的各種知識，常常難以用來解決真實世界的所有問題。於是，與大孩子討論課業學習的價值時，最好把焦點轉移到生涯目標。

我剛開始擔任高中輔導老師時，就發現許多學習動機低落的孩子，他們同時也不知道自己的生涯目標。有個來參加小團體輔導的學生告訴我：「其實，我根本不知道以後要做什麼，所以根本提不起勁來讀書。」

當你對未來迷惘，也可能不知道為何而讀、為何而戰。中學時期的課業學習其實與生涯議題息息相關，許多孩子願意投入課業學習的動力來源，的確與自己的生涯目標有關，他們知道自己的未來要往哪個方向走，為了實現夢想，願意犧牲短期享樂，堅持投入課業挑戰。

孩子對課業欲振乏力時，父母不妨和他討論生涯目標，問問孩子對未來有什麼夢想？想過什麼樣的生活？是否有想就讀的科系？想要進入哪個領域？對哪些工作較有興趣？

其實，這正符應一〇八課綱「自主學習」的精神。

許多人把「自主學習」誤會為孩子能自動自發讀書學習，不用家長或老師在後面碎唸或威逼，但這只說對了一半。

自主學習的真諦，是孩子對某些領域好奇、有興趣，而願意自行去探索，投入其中深入鑽研，同時有計畫的累積自己的學習歷程。

自主學習其實是有目標、有方向與有計畫的學習，一旦有了目標、有了方向，便會擁有學習熱情，開始自行規劃學習活動，進而展現自動自發的學習態度。因此，新課綱也同時強調生涯興趣的探索。事實上，生涯與學習本就密不可分。

探索興趣，找到生涯目標

對於課業遇到挫折的孩子，與他們討論生涯目標是相當重要的事，即使他們已經對學習心灰意冷，但不代表就想放棄人生！

幾年前，中國大陸電影「銀河補習班」講述了一對父子重新認識的感人故事，兒子很小時，身為橋梁工程師的父親就因為橋梁設計弊端入獄服刑，直到兒子上國中時才出獄。此刻，父子倆才要重新互相認識。

正值青春期的兒子被母親送到明星私中去，課業上屢遭挫敗。有一天放學時，父親發現他垂頭喪氣，便問：「你怎麼啦？」

「唉！我的學習不行，都學不會。」

「兒子，告訴我，你這麼努力讀書，為的是什麼？」

「當然是上北大、清華呀！」兒子脫口而出，接著又補上一句：「是媽媽告訴我的。」

父親拍拍兒子的肩膀，再問：「那麼，上北大、清華之後呢？你要做什麼？你有夢想嗎？」兒子愣在那兒，回答不出來。

父親語重心長的說出整部電影最經典的台詞：「人生就像射箭，夢想就像箭靶子，你如果連箭靶子都找不到，每天拉弓有什麼意義？」

兒子似乎明白了什麼。接下來的日子，父親帶著兒子一起探索興趣、尋找熱情，兒子逐漸發現自己對飛行、航空感興趣，父親便帶他到遠地參觀飛行展。旅途中，幾架戰機凌空呼嘯而過，兒子抬頭仰望並暗自期許有一天也要飛上天際。後來，這孩子不只成了飛行員，還成了太空人，不只穿越雲霄，還飛上外太空。

懷抱夢想的孩子即使現階段學習狀況不佳，父母也不需要過度操心，只要願意支持孩子的夢想，他會因為渴望實現夢想而願意學習。或許孩子不會在現階段就展現積極用功的態度，然而這是一個終身學習的時代，未來的學習資源只會更豐沛，只要願意開始學習，永遠不嫌遲。或許孩子現在沒能跟上其他人的腳步，又或許暫時放棄了，只要他還沒放棄自己的人生，就永遠有希望。

12 正向聚焦，肯定孩子的努力

孩子不是一開始就放棄學習的，也沒有任何孩子會故意敗在課業學習上。大人與其說再多大道理，都不如透過給予孩子適切的回饋，幫助他建立成功階梯，逐漸相信自己做得到、學得好。

我遇過不少對孩子不肯讀書感到很煩惱的家長。他們常問我：「孩子不喜歡讀書，怎麼說都不聽，到底要怎樣孩子才會想通、願意努力呢？」

這讓我想起許多對課業欲振乏力的孩子跟我分享的，其實他們也很想好好讀書，但就是坐不住、靜不下來、讀不下去，自己也非常氣餒。但是在父母眼中，他們被認定為荒廢學業、消極懶散。每當父母對他們說教，只會讓他們對學習更厭倦，孩子說：「不知道為什麼，他們愈是碎唸，我愈是不想讀書！」不論國小、國中、高中，甚至已經上大學的孩子，都是如此。

對家長而言，最頭痛的就是孩子對課業興趣缺缺，總要三催四請，甚至大聲威嚇，才願意進書房，而且還一副不甘願的樣子。同樣的劇情，每天都在上演。大人多麼期待孩子有一天會「想通」。許多父母師長不斷灌輸孩子課業學習的價值，希望孩子領悟到好好讀書對自己的前途多麼重要，繼而願意發憤用功。

父母師長這麼做確實是在「課業學習的價值」上頭下功夫，然而如果只是企圖對孩子曉以大義，通常失敗的機率很高，而且如果這麼做有效，早就不需要重複了。

所以，別再說教了！你愈碎唸孩子只會更厭惡學習，無形中讓孩子把學習與負面情感連結在一起，一想到讀書學習就感到痛苦，所以這麼做只會扼殺孩子的學習欲望。

「可是……」我知道你想說什麼——如果不說教，也不知道該怎麼做才好，但如果什麼都不做，彷彿自己是個不負責任的家長。所以其實到頭來拚命講道理、不斷碎碎唸，只不過是大人的自我安慰。

給予適切回饋，引燃學習動機

會造成讀書學習意願低落、意興闌珊的原因很多，絕大部分與過去在這方面累積的挫敗經驗有關，也就是對學習已經有負面的情感連結，例如：

▼ 覺得某些科目很難，花費很多心思也學不會。
▼ 花了大量心力準備，考試成績卻總是不理想。
▼ 厭惡某些科目的老師。
▼ 時常面對家長的高度期許與批評指責。
▼ 曾因為考試成績不佳被同儕訕笑。

當然不只前述這些可能，試想一下，如果你本來很想完成某件事，但過去的經驗告訴你，執行的過程會困難重重、阻礙不斷，甚至努力了也沒好結果，你是不是會遲疑退縮、一拖再拖？再想一下，對一個本來就厭倦學習的孩子而言，父母苦口婆心的勸說到底是讓他對學習產生正面情感，還是增加負面情感呢？答案很明顯，孩子只會更加痛恨學習。

於是，你好說歹說、說破了嘴也沒用。不是孩子不能理解你說的，而是我們對孩子講道理時，話語中總隱藏著各種否定、批評、指責與怪罪，讓孩子不斷感受到「我不夠好」、「我很糟」、「我做不到」或「我不被喜愛」等痛苦的感覺。為了逃避這些痛苦的感覺，孩子當然會與讀書學習保持距離，以免再次受傷。

但你會說：「孩子真傻！他只要用功讀書拿到好成績，大人就不會指責他了呀！」

只是，對不少學習動機低落的孩子而言，他們已經不相信自己能學得會、考得好，內心深處的無力感讓他們知道再怎麼努力也無法改變現況。

這便是課業學習的自我效能低落，而自我效能是學習動機四大來源之一。當自我效能不足時，孩子會評估自己無法完成眼前的學習任務，認為自己不可能學得會，不可能會進步，怎麼努力也沒用。

這樣的自我評估，常令孩子灰心喪志，覺得學習更痛苦。而遠離痛苦的唯一方式，就是不要去接觸，外顯的表現方式，就是老師或家長常看到的，孩子對學習總是抱持消極與擺爛的態度。

我不是要你別對孩子講大道理，而是孩子早就明白的事情就不用一講再講。如果不講道理，我們該怎麼幫助孩子提升學習動機呢？

關鍵在於，每當與孩子互動或談及課業學習這個議題時，我們必須讓孩子感受到自己可以「做得到」、「學得會」、「達到預設目標」，讓他們獲得成就感，連帶著認可自己正在做一件有意義的事，感覺到自己是重要及有價值的。特別是自己的努力能被看到、被讚賞，並感到被支持與被接納，那麼即使學習過程再辛苦，孩子也會願意堅持下去。

孩子不是一開始就放棄學習的，也沒有任何孩子會故意敗在課業學習上。然而，學習上受到創傷的孩子想再度投入課業卻是難上加難，尤其是那些學習挫敗仍不斷在發生中。

這時，大人與其說再多大道理，都不如透過給予孩子適切的回饋，幫助他建立成功階梯，逐漸相信自己做得到、學得好。適切的回饋包括兩大重點：

1. 對孩子的學習困難表達關懷；
2. 對孩子在學習上的付出表達肯定與欣賞。

理解孩子遇到什麼困難

你聽孩子說過他在學習上的痛苦、瓶頸與煩惱，以及對學習的厭惡與無力嗎？大概很少！因為大人總是不想聽，久了孩子也不想講。所以你需要主動關心孩子在學習上遇到的困難，以及對學習的感受。找個時間坐下來問問孩子：

「讓你最困擾的，是學習的哪個部分呢？」

「讓你最痛苦的，是學習的哪個部分呢？」

「你被什麼困住了？」

同時聽聽孩子怎麼說，這是最重要的一步，你就只是聽，絕不否定，更不需要講任何道理，也別急著給建議。通常我們聽到孩子的學習困境時，會急著告訴孩子該怎麼做：

「聽不懂就去問老師呀！」

「不會的題目多做幾次就會了！」

「你要想想是哪個觀念不清楚，去把它們搞懂！」

「你怎麼不早說，趕快來問我就好啦！」

這些建議都很好，但孩子心灰意冷時，這些建議他都聽不進去。因為，孩子打從心底不相信自己可以學得會，甚至你這麼說時，他會覺得自己更蠢，意志更加消沉。

主動關心孩子，是試著去聽懂孩子，關懷他在讀書學習上遇到什麼困難、這些困難給他帶來什麼感覺。這樣做會讓孩子覺得有人願意理解他，在讀書學習上，自己不再孤軍奮戰，而是被關懷與接納的，開始產生正向情緒感受。

當我們願意傾聽，有時候聽到的不只是孩子學習上的困難，還會有其他日常生活的困境。也許孩子目前遭逢人際困擾，被孤立、被排擠；也許，孩子長期被學校老師誤會，一直憤憤不平；也許，孩子因為親密情感遇到難關倍感困擾；也許，孩子最近身體健康出問題；也許，孩子有情緒困擾，不知道如何因應焦慮或壓力；也許，因為目前家中遭逢重大變故，孩子正在擔心家裡的狀況。

如果是這樣，我們的第一要務是陪孩子面對課業學習以外的生活議題，此刻課業學習表現真的不是最重要的。

如果是比較簡單的問題，可以與孩子討論該怎麼面對與解決，在充分傾聽與表達理解後，提供一些建議。如果是比較複雜的問題，則需要帶著孩子一起因應與求助，例如與學校老師聯繫，合作解決問題；或帶孩子去就醫，或找心理師談話。

正向聚焦，對孩子的努力表達欣賞與肯定

除此之外，孩子愈不願意讀書，我們愈需要找機會肯定他，特別是聚焦在「有做到」與「做得到」的時刻。

我長期推廣「正向聚焦」，核心精神就是「行為不會一成不變」，這在孩子的學習行為上，特別能觀察到。

常常不做功課的孩子，有時候也會願意寫點作業；不願意溫習課業的孩子，在考試前偶爾也會拿起書來讀一下。因此，就算是對學習意興闌珊的孩子，也不會每天都消極擺爛。

如果他有主動溫習功課的時候，哪怕時間很短，都要立即予以肯定。就像孩子不會每次考試成績都不理想，若偶有一次比平常出色，也要立即予以肯定，看見孩子的進步。

對孩子表達欣賞與肯定時，我們應該把正向聚焦的重點放在他的表現過程（為學習付出了什麼），而非只看重表現的結果（成績與排名）。同時，引導孩子自己和自己比較，讓孩子知道他也有願意讀書和成績進步的時候。

最終，讓孩子知道他的努力、表現與進步，大人是有看到的。於是，孩子也會願意欣賞自己，相信自己可能做得更好，進而願意繼續花心力在課業學習上。

充滿關愛的環境，激發學習動機

這麼做孩子就願意好好讀書嗎？

當然沒這麼簡單！然而，我們對孩子的學習困難表達關懷與理解，同時願意正向肯定與欣賞他的努力，能幫助孩子在讀書學習的過程創造出一些正向情感，至少不那麼討厭學習。同時，也能幫助他改變對課業學習的觀感，調整看待自己的方式。

反之，講道理與不斷的催促、碎唸，只會讓孩子感受到更多的痛苦與壓力，反而讓孩子對學習反感，加深對學習的挫敗感。

事實上，孩子若成長在充滿關愛的家庭環境，他的學習動機通常比較高。學習過程常常充滿挑戰，當孩子因為學不會或考不好深感挫敗時，父母若能對孩子表達同理、寬容與支持，欣賞他的努力與堅持，同時鼓勵他繼續嘗試，這樣能讓孩子知道，學不會並不是丟臉的事，考試成績不理想也不等於自己就是個差勁或失敗的人。

孩子之所以願意用功讀書，常常是學習過程體驗到正向情緒感受。這會讓孩子願意嘗試更多有效的學習行為，因而開始有了些成果，像是多學會一些概念、多答對幾道題目、多進步幾分，這讓孩子體驗到付出心力帶來的成就感，進而想再次嘗試。

這些學習果實與正向經驗能讓孩子改變對課業學習的自我評估，開始相信透過努力與付出，自己可以學得會、學得好。

13 相信自己學得會、學得好

孩子每次的正向表現，家長都可以幫忙留意並記住，哪怕只有一點點，都可以在孩子對學習感到灰心或欲振乏力時，拿出來提醒他。

在學習上受到創傷的孩子，不是一開始就學不會或沒興趣，而是學習過程一再經歷挫敗，又受到大人批評、指責或不當懲罰，漸漸失去學習動機。

〈03了解學習不佳的孩子〉（頁五〇）提到，這些孩子內心常有三個局限性信念：

❶我沒有能力把書讀好，反映的是內心的無助。

❷我沒有可能把書讀好，反映的是內心的無望。

❸我沒有資格把書讀好，反映的是內心的無價值。

局限性信念愈是牢不可破，孩子的學習動機愈是低落。

這些信念是怎麼形成的呢？

往往是孩子經歷學習挫敗後，自己給自己下的結論；還有身旁大人，通常是老師或父母，在孩子遭遇瓶頸、學習受挫時，如何對孩子表達與回應，而大人話語對孩子的影響力，可能遠比學習挫敗本身還要大。

在學習上受到創傷的孩子對學習常感到悲觀，自我效能低落。

換句話說，這些孩子不相信自己可以透過努力改善學習表現，因而展現消極散漫的學習態度。如果能設法改變孩子內心的信念，改變他看待自己的方式，那麼，也許他的學習表現可以不一樣。

然而，要翻轉局限性信念實在很困難，但也並非毫無對策。如何讓孩子重新相信自己學得會、學得好呢？

為孩子蒐集成功經驗，打造學習信心

既然種種學習挫敗重擊孩子的學習信心，那麼大人就得為孩子創造成功的學習經驗，來幫助他重新建立自我效能，逐漸發現原來自己也學得會、學得好。

當父母發現孩子的學習表現低落，跟不上其他同學時，不妨與老師討論，釐清孩子的學習困難、找出他學習落後的瓶頸，同時討論是否需要適時減少作業，降低難度與標準，並針對孩子有做到或做得到的地方給予肯定與讚美。

這麼做的目的，就是要為孩子多多創造成功的學習經驗。

致力於推動薩提爾對話的李崇建老師常在書中分享，許多孩子不相信自己可以寫出一篇作文，當他在課堂上發下稿紙時，孩子常對著桌子發呆。這時，他就會要孩子寫一篇「爛作文」，怎麼寫都行，愈爛愈好。

這種做法讓孩子發現，原來自己可以完成一篇作文，甚至在爛作文中，也有精闢觀點和通順詞句，藉由「先求有、再求好」的方式，逐步建立寫作自信。

然而，學校老師同時面對的是眾多程度參差不齊的學生，還要趕教學進度，要分派給每個學生具有差異化的作業，其實有難度。因此，更重要的是家長的態度與做法。

在家裡，家長可以允許孩子寫作業時，從簡單的科目開始做，完成後讚許孩子的努力，再鼓勵他挑戰困難的科目。在寫習題時，家長可以讓孩子從簡單的題目練習起，完成後給予孩子讚賞與肯定，並鼓勵他嘗試較難的題目。

當孩子抱怨數學很難，寫不出來時，你可以問他：「我上次看到你順利解出某個難題，你是怎麼做到的？」

當孩子在造句上卡關了，告訴他：「我之前發現你可以想出來，而且滿有創意的，要不要再試試看？」

提醒孩子過去成功克服困難的經驗，鼓勵他從中萃取資源，激勵現在的自己。孩子每次的正向表現，家長都可以幫忙留意並記住，哪怕只有一點點，都可以在孩子對學習感到灰心或欲振乏力時，拿出來提醒他。

就算孩子在課業學習上乏善可陳，家長還是可以多觀察他的日常行為，或許孩子在其他領域上的學習能力很強，進步神速，表現出色。這些學習經驗，也可以設法運用到課業學習上。

例如，孩子擅長彈吉他，可以這麼對他說：「我發現你花很多心思練習吉他，很快就愈彈愈好，我相信你在課業上也可以有一樣的表現。」

如果，孩子熱愛英文歌曲，可以這麼對他說：「我發現你很喜歡聽英文歌曲，也都能記住歌詞，我相信你也有能力把英文學好！」

一定要記得，你是在幫助孩子提取與運用資源，而不是潑冷水。

千萬別說：「你有時間學吉他怎麼沒時間讀書？」「你整天聽英文歌曲，怎麼英文成績爛到爆？到底有沒有認真讀書？」

破除智力天生的迷思

還記得國小時，有位老師在台上一手握拳、另一手指著握拳那隻手的小拇指，對台下的我們說：「我們的大腦就像這個拳頭，而我們運用到的只有小拇指這個部分，其他大部分區塊都有待開發。換句話說，我們只使用了大腦潛能的極小部分。」那位老師向我們傳達大腦潛能無限的觀念，這樣的教學在三十幾年前其實相當前衛。

過去確實常聽到「人類只用到大腦潛能的百分之一」這類說法，但是當大腦科學日益發達後，我們知道人類的心智運作仰賴大腦所有區域參與其中，所以小拇指的比喻顯然是錯的。今天我們可以用更正確的方式向孩子說明大腦學習潛能無限的觀念，愈來愈多專家學者發現，讓學習者了解大腦與神經運作的原理，有助於提高學習動機，改善學習表現。

像是教育專家芭芭拉・歐克莉（Barbara Oakley）和兩位學者合著的《學習如何學習》（*Learning How to Learn*），就是一本教青少年如何學習的工具書，以淺顯易懂的方式，說明大腦在我們學習與記憶時如何運作。

在《成長性思維學習指南》（*The Growth Mindset Coach*）一書中，作者安妮・布魯克（Annie Brock）和希瑟・韓德利（Heather Hundley）也談到，老師可以教學生理解大腦與學習的關聯，讓學生具備「神經可塑性」的概念。

前文提到的例子，都是透過圖像或模型，佐以各種易懂的比喻，直接引導孩子認識大腦神經系統的傳輸，以及各個腦區運作的相互影響。這麼做的目的，無非在傳達「大腦是不斷改變的」這個重要觀念。

史丹佛大學教授裘・波勒（Jo Boaler）在《大腦解鎖》（*Limitless Mind*）一書中指出，直到現在還是有很多人認為人的天賦、才華或學習能力是與生俱來且不會改變，其中不乏許多大學教授或中小學老師。裘・波勒在書中引用眾多神經科學的研究結果，駁斥這個迷思。她說，只要透過刻意練習，通常可以學會甚至專精任何事物，但要是教學者秉持「大腦固定不變」的信念，將大大限制學生學習發展的可能性。

裘・波勒在書中提到，進行學習行為時，神經路徑會透過三種方式發展：

❶形成新路徑：剛接觸某些知能時，形成細微的神經路徑。

❷強化既有路徑：愈深入鑽研，神經路徑愈來愈強韌。

❸連結不同路徑：當學習愈多，不同神經路徑開始相互連結，形成網絡。

大腦神經路徑連結得愈強韌，網絡變得四通八達，大腦成長得愈快速，學習能力也會與日俱增。

不論是一般孩子或學習動機低落的孩子，都可以透過簡單的方式，讓他們理解大腦是不斷成長與改變的，也就是不停在進行「形成」、「強化」與「連結」的工程。這樣能幫助孩子破除學習能力固定不變的觀念，進而對學習感到更有希望。

我和青少年談話前，會在網路或書籍中尋找適合的大腦圖像，然後給孩子看，並對他們解說大腦如何運作。同時讓他們知道，透過刻意且有計畫、有策略的練習，可以重新鍛鍊自己的心智肌肉。

不論是透過圖像、影片或模型，我們都可以用視覺化的形式讓孩子更認識大腦，進而破除「大腦固定不變」、「才華天注定」、「會不會讀書是天生的」這類迷思，並建立新的學習信念。

孩子會知道，既然神經可塑性讓大腦不斷改變，自己只要願意投入心思、掌握有效方法，也可以學得會、學得好。當他們抱持著這樣的信念，就擁有史丹佛大學教授卡蘿·杜維克所說的「成長心態」，在面對挫敗或挑戰的時候，相信自己透過努力以及學習可以改變結局。

相對的，抱持定型心態者則是相信才華天生、智力固定，不論怎麼努力也沒有用，因此很容易在面對困難與挑戰時選擇放棄，就算好方法在眼前，也不一定會去嘗試。

小小進步，大大鼓勵

前文提到，沒有任何孩子會故意敗在課業學習上，即使看似放棄學習的孩子，也渴望自己能在學習上有更好的表現。無奈，他們已經不相信自己辦得到了！如何讓放棄學習的孩子，相信自己學得會、學得好呢？

其實，我們不用急著讓孩子相信，只要先讓他們對自己抱持期待即可。實際的做法是注意觀察孩子，當他們出現比平常更積極的學習行為時，哪怕只有一點點，也要趕緊把握機會對孩子正向聚焦。

例如，平常從不溫書複習，但月考前竟然把書拿出來翻一下；或是平常都不寫作業，但今天主動把某一科作業拿出來完成，這時候家長可以說：「我看到你剛剛把英文習作拿出來寫喔！」正向聚焦在行為表現本身，客觀描述孩子做了什麼。然後說：「我想，你對自己的課業還是有所期待的！謝謝你願意這麼做。」話說到這裡就可以了。

若家長想趁機和孩子有更深入的對話，可以參考以下的模擬對話。

家長：「我覺得這很不容易。是什麼讓你願意這麼做？」

孩子：「沒有呀！就剛好想到……」（孩子也可能會說「不知道……」，這很常見。）

家長：「你願意拿習題出來練習，是希望可以進步嗎？」
孩子：「嗯……就老師規定要寫……」
家長：「謝謝你在意老師的規定，是什麼讓你願意在意呢？」
孩子：「不知道……」
家長：「我知道你對自己的成績感到很無力，不相信自己可以考高分，但其實你還是想要改善吧！」
孩子：「也許吧！」
家長：「你想要成績進步嗎？」
孩子：「想呀！可是，我都學不會……」
家長：「沒關係，我知道你有這份心，這樣就很值得肯定了，也許你現在不相信自己可以進步，但我們能透過一些讀書技巧來改善成績。你願意試看看嗎？」

在確認孩子想要改善的意願後，邀請他嘗試新的學習策略，若孩子也同意，就可以和他討論讀書方法。

當然，孩子可能隨時出現消極懶散或心不在焉的樣子，甚至表示想要放棄。這時候請別急著責罵他，反而應該對孩子表達欣賞：「我看到你剛剛願意嘗試新的讀書方法，這是很好的開始，謝謝你願意這麼做。」

可以讓他休息一下，之後再試試，當然也可以轉移話題，和孩子討論課業學習的價值。

不論是蒐集孩子成功的課業學習經驗，或告訴他大腦運作的知識，讓他理解學習能力是可以改變的，以及透過正向聚焦去肯定孩子學習時有做到、做得到之處，並透過對話強化他「想要改變」的意願，無非都是希望孩子能開始展現更多有效與積極的學習行為。

然而，這會是個相當漫長的過程。大人需要耐心等待，也要允許孩子不時陷入沮喪、無力之中。

只要孩子願意多專注聽講、回家多翻幾頁書、多練習幾道題目，就有可能多學會一些，多答對幾題，或多得幾分。而這些小小的進步，會讓孩子開始對學習有成就感，而願意繼續投入心思。

14 培養堅持的意志力

小小的成功經驗，會讓孩子的自我效能提升，而願意持續努力下去。我們可以溫柔的鼓勵孩子，告訴他：「再多堅持一下吧！」哪怕只是一點一點，都有機會幫助孩子逐漸體驗到成功經驗。

以前有次在學校監考時，學生陸續交卷，最後教室只剩我和一位女學生。她抬頭環顧四周，又望了我一眼，苦笑著說：「老師，我想再多想一下！」

工作坊中，有位同學分享自己面臨課業困境的做法：「我會告訴自己，再多讀一遍。」一位畢業學長回校與學弟妹分享準備大考的經驗。他說：「你只要比別人多撐一下，就可能贏過別人。」

有些學生在課業學習上比其他人更有意志力，為什麼遇到艱難的學習挑戰時，他們仍然願意堅持下去？

再多撐一下，給自己機會

過去幾年我有慢跑的習慣，每當起步沒多久，通常是跑運動場第二圈時，就會遇到瓶頸，浮現「好想停下來」的念頭。有幾次還真是不爭氣的停下腳步，那天的運動就草草收場。但更多時候，我會告訴自己：「沒關係，再多撐一下吧！」就這樣，多跑了一圈，又多跑了一圈，又一圈……，直到跑完預先設定的距離。

閱讀時也有類似經驗。我不是天生就愛閱讀，也不是每本書都這麼精采好看。小時候，拿起一本課外讀物，總想把它全部讀完。而每當讀不到一半，開始感到無聊，有了想停下來的念頭時，我會告訴自己：「再看一個章節就好！」看完這一個章節，再告訴自己同樣的話，最後常能讀完整本書。

我發現，任何需要意志力才足以達成的目標或活動，「再多撐一下！」這句話，似乎都滿有用的。

我們對自己信心喊話：「別那麼快就停下來，多給自己一點機會試試看吧！」當真的撐過來時，就更相信自己做得到，便會願意再試一次……

於是，就這麼堅持下來，而且達成目標了。

鍛鍊意志力，體驗成功經驗

〈09 學習動機是高效學習的起點〉（頁一一〇）提到社會認知理論心理學家亞伯特・班杜拉的「自我效能」理論，自我效能是影響一個人是否願意嘗試新事物或持續投入某項活動的關鍵因素。

對於課業學習有高自我效能的學生，傾向於更主動學習，也更能堅持到底。原因無他，因為他相信自己可以做得到。

根據班杜拉的論點，「擁有成功經驗」是建立與提升自我效能最直接有效的途徑，換句話說，自我效能常需要從實作中獲得。當然，觀察他人的成功經驗（又稱替代性增強），或獲得重要他人的言詞激勵，也具有相當程度的影響效果。

當我們不確定自己是否能完成某項挑戰與任務時，此時的自我效能是不足的，若能給自己多一些機會去嘗試，結果或許會大不同。若我們告訴自己：「再多撐一下！」便是在哄騙自己只要多堅持一會就好（不會太久，也不會太多次），但是卻因此獲得多一些的成功經驗，在自我效能相對提升之下，更有意願繼續堅持下去。

課業學習過程中，難免得應付一次又一次的考試，需要長期投入意志力。史丹佛大學教授凱莉．麥高尼格（Kelly McGonigal）在《輕鬆駕馭意志力》（*The Willpower Instinct*）一書中告訴我們，意志力就像肌耐力，可以透過鍛鍊而逐漸增強。

鍛鍊肌耐力最好的方法，是逐步且適量的增加重量訓練的分量。意志力也是一樣，每次適度增加多一點點難度的挑戰，可以幫助我們突破意志力的原有限制。所以，「再多撐一下！」這句話是有魔力的。它能幫助我們在研讀課業時，願意多讀十分鐘、多演算幾題、多思考幾回合，以及多反覆背誦幾次。

事情一旦有了一點點不同，便開始累積成功經驗，在成功階梯上更上一層樓。這點點滴滴的匯聚，便讓自己有了堅持到底的可能性。

有趣好玩的學習內容，以及具有價值的學習目標，固然都是吸引人願意持續投入學習活動的要素。但在邁向課業精熟的過程，總少不了一再反覆的練習與研讀，這些枯燥的歷程常會耗掉外在誘因的吸引力，此時就得靠著「相信自己做得到」的信念，來持續支撐自己往前走。沒有用盡全力，永遠不知道自己的能耐有多大；沒有勇敢嘗試，永遠不會知道自己的極限在哪裡。

一個學習自信心低落的孩子，在面對學習挑戰時，往往意志力不足。有時會有強烈欲望想向前衝，但是遇到瓶頸時，就升起打退堂鼓的念頭，一旦半途而廢，就又印證了「自己不是讀書的料」的自我內在預言。

如果他們能在想放棄時，先不管能不能做得到、做得好，只是告訴自己：「再多堅持一下吧！」於是，再多讀十分鐘、再多練習一題、再多讀一遍、再向同學多請教一次，就有機會多懂一些、多答對一題，這些小小的成功經驗，會讓他們的自我效能提升，而願意持續努力下去。

或許，孩子不知道要這樣告訴自己，但我們可以溫柔的鼓勵孩子，告訴他：「再多堅持一下吧！」哪怕只是一點點，都有機會幫助孩子逐漸體驗到成功經驗。

從三分鐘熱度進階到四分鐘熱度

每天晚上，我都會陪女兒看「哆啦A夢」。我小時候就是看這部漫畫長大的，主角大雄心地善良卻弱小無能，功課爆爛、毫無專長，又常常被欺負。他一事無成就算了，還愛面子、好逞強，常得靠哆啦A夢出手相救。每回放學，大雄都要想辦法藏起零分考卷，否則會被媽媽狂唸一頓。

你家裡是不是也有個大雄呢？成天無所事事、不愛念書、消極度日，要他做功課、讀點書，好像要他的命一樣，但睡覺、看電視、打電動、看漫畫再久都可以！

大雄還有個特點，就是「三分鐘熱度」。雖然他時常頹廢不振，但是偶爾也有憤發圖強的時候，只是這份熱情總不能堅持，很快就打回原形了。

其實更可惜的是，大雄的媽媽卻不知道要把握大雄的三分鐘熱度。

這是什麼意思呢？

這幾年我大力推廣「正向聚焦」，希望大人能多多關注孩子做得到、有做到的時刻，表達欣賞、肯定與讚許，讓孩子感受到自己的努力被看見，發現自己進步的軌跡，而願意表現得更好。

正向聚焦的重要精神之一，就是「行為不會一成不變」。

大雄的三分鐘熱度正符合「行為不會一成不變」的原理，也就是大雄即使每天都過得渾渾噩噩，對課業學習提不起勁，但也有想要認真讀書的時刻，也有乖乖坐在書桌前動筆寫作業的時候。

大雄的媽媽常在他考零分時把他叫來碎唸，但是當大雄表現出積極投入的學習行為時，卻很少即時對孩子表達肯定。當然，也就錯過鼓勵大雄繼續堅持的機會。

我發現許多家長正是如此，當孩子對學習消極懶散、成績不佳時，便嚴厲責罵；當孩子願意下功夫在課業學習上時，卻視而不見，或視為理所當然。甚至，有的還潑冷水說：

「噢！你吃錯藥啦！知道要讀書了？」

「唉！你終於想通了，可是怎麼現在才想通呀！」

「哼！我看你能維持多久，又是三分鐘熱度吧！」

就這樣，用一大盆冷水澆熄孩子僅存的學習欲望或好不容易點燃的學習動機。

若孩子在學習上時常表現出三分鐘熱度，振作讀書沒多久就開始打混摸魚，大人會對他們消極懶散的學習態度頻頻搖頭。

然而，這卻是個很好的機會，因為有三分鐘熱度總比完全沒開始加熱好。

在此，我要介紹「四分鐘熱度」理論。

假設孩子記熟一個單元的單字，大概需要半個小時，那麼三分鐘熱度的孩子可能只背了三分鐘，就不願意再背了，因為對他們而言，要花半個小時記熟所有單字，這個目標太困難，想到就害怕。

那麼，如果我們鼓勵孩子多堅持一下，多花一分鐘的時間，也就是從三分鐘變成四分鐘呢？對孩子而言，多花一分鐘，其實不需要花太多力氣；但別小看這小小的進步，因為我們實際上已經縮短與目標的距離了。

這其實就是「微調」的概念，改變不求立竿見影，往往欲速則不達，但若能一次改變一點點，累積下來的成果也很可觀。

欣賞並讚美孩子的學習歷程

大人如何評價或回饋孩子的學習過程經歷，對其面對學習挑戰的動機有很大影響力。史丹佛大學的卡蘿．杜維克教授曾對四百名小學五年級學生進行一項實驗，獲得的結果大大影響她建構「成長心態」與「定型心態」的理論。

這項實驗先讓學生進行幾乎每個孩子都能完成的簡單測驗，之後研究人員隨機稱讚一半的孩子「你一定很聰明」，然後稱讚另一半的孩子「你一定很努力」。

接著進行第二輪測驗。這群孩子被告知可以選擇和先前一樣簡單的測驗，也可以選擇困難許多但能從中學習的測驗。你猜，哪一半的孩子會選擇較有挑戰性的測驗？

答案是，被稱讚「努力」的孩子中，有九成以上都選擇了較困難的任務，而被稱讚「聰明」的孩子，則選擇了簡單的測驗。

後續的研究發現，被稱讚聰明的孩子，要是在測驗中失敗，會歸因於自己智商不佳；然而，被稱讚努力的孩子，則把挑戰失敗歸因於自己不夠專注。

杜維克教授解釋，當孩子被貼上「聰明」這個標籤，就會變得不敢接受挑戰，因為他們認為一旦失敗就顯示自己不夠「聰明」，這樣的思考模式陷入「定型心態」。然而，被認定為「努力」的孩子不會有這樣的偶像包袱，他們對於失敗或挑戰抱著比較開放的心態，也就是所謂的「成長心態」。所以，杜維克及後續的學者建議，家長或老師在孩子的學習過程中，應多給予「歷程讚美」而非「個人讚美」。

歷程讚美著重在孩子的付出與努力上，個人讚美則是看重孩子的智力或天賦，前者暗示孩子透過不斷努力或運用策略，可以獲得成功；後者則暗示孩子，成功與否來自他們的天分，與努力無關。

正向聚焦的表達要領

我鼓勵大人多對孩子表達正向聚焦。為了幫助孩子培養成長心態，而非掉入定型心態，父母在對孩子的學習表現表達正向聚焦時，說話時要把握三個要領：

❶ 正向聚焦在「過程」而非「結果」；
❷ 正向聚焦在可改變之處，而非先天固定的條件；
❸ 正向聚焦在孩子自己的進步，而非與他人比較的結果。

1 結果與過程

結果是指學習的成績或成果，像是名次、分數、輸贏等；過程則是孩子在讀書學習中做了些什麼、展現了些什麼。以當孩子願意花時間，完成一個單元的數學習題為例：

☒ 針對結果的正向聚焦：「你把今天的數學習題全做完了，而且都答對，太厲害了！」學習表現的結果固然重要，但更需要多強調孩子的努力與付出，具體說出孩子做了些什麼，並表達讚賞。

☑ 針對過程的正向聚焦：「我觀察到你剛剛全神貫注的解題，遇到不會的題目，還會停下來查閱課本，並在旁邊的白紙上反覆演算，最後終於完成，你很用心呀！」

2 先天固定與可改變之處

一個人的身高、體型、外貌、家世、智商、天分等先天固定之處，常常被認為是與生俱來、難以選擇或改變的；而付出的時間、力氣、專注、運用策略、企圖心，或是一些美好的德行，例如守時、自制、謙虛、堅持、關懷、友善等，則屬於一個人可以自我決定、主動選擇的部分。以孩子完成了一份專題報告為例：

☒針對先天固定之處的正向聚焦：「你的報告做得真好，怎麼這麼聰明呢？大概是天生頭腦很靈活吧！」

☑針對可改變之處的正向聚焦：「你的報告很用心！可見你花了很多時間蒐集資料，而且願意去請教一些師長，我很欣賞你的努力！」

3 向外比較與自我比較

向外比較是透過與他人比較而顯示自己能力的優劣；自我比較是透過與過去的自己比較，而看見自己進步的軌跡。以孩子做功課遇到困難時，主動詢問父母為例：

☒針對向外比較的正向聚焦：「我發現你遇到不會的題目會來問我，比哥哥還懂得主動尋求協助，很棒喔！」

☑針對自我比較的正向聚焦：「我發現你和之前比起來，現在更主動來與我討論課業上的疑問，很棒喔！」

父母時常拿孩子和別人比較，很容易讓孩子在同儕或手足間樹敵；而且，如果很少有過人之處，會讓孩子感到很沮喪。大人太常向外比較，也會讓孩子誤以為，只有贏過別人才是最重要的事，而無法享受學習的樂趣，甚至一味追求獲勝，永遠不會滿足。

然而，自我比較則可以引導孩子看見自己進步的軌跡，並且重新定義成功為「比過去的自己進步或突破」，孩子不會因為與人比較的壓力而在面臨挑戰時打退堂鼓。

15 內心安定的孩子，學得更好

許多孩子的學習焦慮來自於害怕失敗，但每一次的犯錯，都是大腦成長的最佳時機。所以，大人要鼓勵孩子挑戰自己的極限，勇於犯錯，讓他知道犯錯的好處，用正面的心態看待挫敗。

前面幾篇談到影響學習動機四大因素的前三項（情感、價值、自我效能），本篇要談談自我控制，也就是孩子是否能幫助自己穩定身心，讓自己處在平靜安穩且適合學習的身心狀態之下。

當孩子承受極大壓力、身心狀態不佳時，學習動機也會跟著低落。孩子的壓力從何而來呢？德國作家伊旭塔．雷曼（Ischta Lehmann）在其著作《學習動機》（*Motivation*）一書中，整理了讓孩子感到身心負荷的六個因素，包括：

❶行程太滿：時間不夠用，或沒有自己的時間。

❷家庭變故：包括來自家庭的經濟壓力、父母失和，或重大事件使生活失序。

❸身體病痛：身體的疼痛或不舒服，會使孩子無法專注，注意力和記憶力都會減弱。

❹噪音：沒有安靜的溫書環境，或者教室及班級太過吵雜。

❺睡眠不足：夜晚的睡眠時間過短，或者缺乏休息。

❻營養不良：沒吃早餐就去上學，或者攝取過多含糖點心、飲料。

前述這些狀況都會消耗孩子的精力，難以專注學習，同時在學習過程表現出更多焦慮與躁動不安。大人若能辨識出孩子的壓力源，設法做點調整，便能幫助孩子的身心狀態穩定下來。例如，確保孩子晚上睡眠充足；減少行程，給孩子更多自由時間；療養身體、改善疼痛問題；為孩子安排安靜的讀書空間；確保孩子飲食均衡等。

然而，在學習上受到創傷的孩子，其內在常是焦慮慌亂的，即使外在環境安全友善，內心仍是躁動不安。

心理壓力會影響學習心情

如果是家庭問題造成孩子的心理壓力，而影響孩子的學習心情，大人應該充分引導孩子說出他內心的擔心。對愈小的孩子而言，家庭是他們安全感的來源，當家庭遭逢變動，對孩子便造成巨大壓力。

所以，引導孩子表達心聲，並感受到被理解，常常能讓孩子覺得鬆一口氣。我很喜歡一種表達同理的句型，就是「當你……時，你會感到（……心情），是很正常的。」例如：

「當你想起過世的奶奶時，你會感到難過與悲傷，是很正常的。」

「當你知道家裡最近出現經濟困境時，你會感到擔心，是很正常的。」

「當你發現爸爸媽媽最近常吵架時，你會感到擔憂、焦慮，甚至憤怒，是很正常的。」

「當我們對你的期許過高而你又做不到時，你會感到挫敗與自責，是很正常的。」

這時，最忌諱的就是要孩子別想太多，像是：「別擔心那麼多，好好讀書就對了！」這樣通常會讓孩子更不敢表達情緒，甚至更不知所措。也千萬別為此指責孩子，像是：「家裡都出事了，你的成績還這麼糟，是要氣死我嗎？」

這會讓孩子聯想到家裡的變故是因為自己不乖、功課不好所造成的，而陷入自責、內疚。不少孩子會在無意識中把整個家庭興衰的責任承擔下來，若我們沒能好好傾聽孩子的情緒感受，同時幫助他切割情緒課題，孩子就會背負著不屬於他的沉痛壓力。

我輔導過一個國中時成績不錯的高中生，高一入學時的心理測驗呈現高焦慮狀態，我主動邀他來談談。

他告訴我，進入高中後，上課常聽不懂，成績也跟不上其他同學，為此感到很沮喪。一開始，我以為他是沒有掌握學習要領，學習方法不足以應付高中更高強度的學習內容。

直到有一天，他和我談起父母離異的事。父母在他升高中那年的暑假離婚，他一直覺得是自己害父母離婚的。

「本來我可以考到更好的高中，但會考失常，爸爸常說，就是因為我的成績不理想，他們才會常吵架，然後離婚。」

「難怪你覺得，父母離婚是你的錯！你真的相信是這樣子嗎？」

「嗯！是我不好……」他點點頭，並流下眼淚。

「爸媽是在你會考完後，才開始吵架、鬧離婚的嗎？」

「不是，他們本來就很容易吵架。我國三那年吵得特別凶，有時候媽媽會離家出走，爸爸就把氣出在我們身上。」

「所以，父母最後無法相處，決定離婚，你還覺得是你的錯嗎？」

「我……我不知道。」

後來，我把孩子的父母都找來，一起討論孩子的困境。我把孩子的心情和想法告訴他們，兩人連忙說：「沒有、沒有，我們從來沒有認為是他的問題，他一直都是很用功的孩子。」「唉呀！當時會對他這麼說，是我心情不好。但我們離婚跟孩子無關呀！」

我請學生的父母把這番話直接對孩子說，告訴他：「爸爸媽媽會離婚，是因為我們相處不來，這是我們兩個人的事情，與你無關。即使我們離婚了，不能繼續生活在一起，我們仍然愛你。在我們的心目中，你一直是貼心懂事的孩子！」父母與孩子相擁而泣，那一刻孩子彷彿放下心中大石。

從那天之後，孩子的學習狀況開始好轉，成績漸漸追上同學。因為，他的內心不再自責、不安，不需要再背負著造成父母婚姻悲劇的罪名。他也明白，父母即使沒在一起生活，但依然愛著他。

當孩子內心安定了，便能正常學習！

鼓勵孩子挑戰極限，勇於犯錯

許多孩子的學習焦慮來自於害怕失敗，像是考不好、成績退步，或擔心被罵。一旦內心升起焦慮情緒，體內的壓力荷爾蒙便會衝擊掌管記憶的海馬迴，讓學習的效率降低，抑制解決問題或創意思考的腦部活動。

例如有數學焦慮的人，一碰到與數字有關的問題，大腦裡掌管恐懼的部位杏仁核就會變得活躍。此刻，負責理性分析、邏輯推論與解決問題的前額葉皮質，就會變得不靈光。當然也很難成功解出數學問題，成績肯定慘不忍睹。

這樣的失敗經驗很可能回過頭來驗證了自己原先的信念「我果然不是學數學的料」。於是，你相信什麼，就會表現出那樣的結果，這正是心理學上的「自我應驗預言」（Self-Fulfilling Prophecy）。

不論任何科目，容易在學習上感到焦慮的孩子，通常也對自己的學習表現存在著悲觀想法與負面預言。所以，面對學習挑戰，例如考試，他們先想到的是：「我一定會搞砸！」

然而，我們可以試著翻轉孩子對失敗的看法，幫助他從「害怕失敗」轉而「擁抱失敗」。我們都認同「失敗為成功之母」，但大數人寧可不要經歷失敗。

《大腦解鎖》的作者裘．波勒卻告訴我們，失敗是有好處的！

每一次的犯錯，都是大腦成長的最佳時機。因為大腦科學家已經發現，犯錯能強化大腦神經路徑，尤其是犯錯後反覆調整與改正錯誤的練習過程，正是對大腦最好的刺激。

所以，大人要鼓勵孩子挑戰自己的極限，勇於犯錯。

要讓孩子勇於犯錯，或至少不要害怕犯錯，就得讓他知道犯錯的好處，用正面的心態看待挫敗。一方面，大人要營造允許犯錯的友善氛圍，任何學習上的失敗，都不會被指責；另一方面，孩子的任何嘗試與挑戰，都會得到鼓勵與讚揚。

增加自我比較，重視並接納犯錯的價值

但是，在學習上受到創傷的孩子才不信這一套，因為已經吃過太多虧！過去，當他們考不好、學不會時，不但自己感到懊惱，還會被大人指責，而同儕比較更讓他們覺得丟臉。

所以，要讓孩子重新重視與接納犯錯的價值，大人得引導孩子增加自我比較，減少向外比較。對於擔心犯錯的孩子，我們可以告訴他：

「我知道，學不會、考不好會讓你覺得很丟臉。不過，若我們能把不會的弄懂，犯錯的地方修正，大腦會變得更強韌，學習能力會更好。

「而且，你不需要贏過其他同學才算成功，只要今天的你比昨天的你多學習到一些，多弄懂一些題目，明天的你比今天的你多進步一些，那就是很大的突破。」

為學習上受到創傷的孩子重新定義成功與失敗，引導他們自己與自己比較，看見自己

的成長與進步。在孩子犯錯或考試失利時，告訴他：「這次的考試成績不理想，代表你還沒完全學會，只要想辦法弄懂，下一次就會更好。」

在孩子考試成績進步時，告訴他：「我看到你的考試成績正在進步，這是因為你很努力把不清楚的題目搞懂，下一次，你會表現得更好。」

把肯定的焦點放在孩子的付出與努力上，而非他的聰明才智，避免孩子因為被稱讚「聰明」而有了偶像包袱，進而發展出定型心態，擔心下次會因為成績退步或考不好，而顯得自己是個「笨蛋」。

與焦慮共處，調控情緒

改變信念，確實是解決情緒困擾的方式之一。雖然很多孩子都知道，不要太在意考試成績，不要過度和別人比較，失敗並不可恥，但是面對學習或考試，就是容易感到焦慮。而無法克制的過度焦慮，又引發更多擔心：「我會不會因為焦慮而搞砸這次的考試？」

我們可以教孩子一些能有效放鬆身體與穩定心情的技巧。我常分享三種簡單的情緒調控技巧，分別是呼吸調息、心理想像和自我對話。

1 呼吸調息

深呼吸並配合身體放鬆的練習可以直接調控自律神經系統，特別是活化掌管放鬆與休息的副交感神經，將我們帶離「戰鬥或逃跑」的高度警戒狀態，達到穩定身心的效果。

不論是寫作業、複習功課或考試當下，感到焦慮不安時，可以練習呼吸調息。如果是坐著，就讓自己坐好坐正，挺直腰桿，雙腳腳掌著地，並閉上眼睛。進行以下步驟：

1. 吸氣時，閉上嘴巴，用鼻子大口吸進滿滿的空氣。想像新鮮的氧氣從鼻腔緩緩進入身體，充斥著整個胸腔，甚至來到肚子。可以將手放在肚臍位置感受吸氣飽滿時，肚子脹起來的感覺。
2. 當吸到無法再吸氣時，憋住氣，心中默數一、二、三，然後吐氣。吐氣時，嘴巴微微張開，讓體內的空氣緩緩與自然的流出去，直到完全吐盡。可以感受到吐氣時，肚子慢慢恢復平坦，甚至凹陷下去。
3. 接著再次閉上嘴，開始吸氣，不斷循環上述動作。大口的吸氣，徐徐的吐氣，吐氣的速度愈慢愈好，時間拉得愈長愈好。
4. 接著加入放鬆的練習。先將注意力放到兩邊肩膀上，吐氣時順勢放鬆肩膀，讓放鬆的感覺繼續往下走。每次吐氣時，逐一放鬆手臂、手肘、手掌與每一根手指頭，然後是胸膛、腹部、背部、臀部、大腿、小腿、腳踝、腳掌。

5 依序且刻意的在每次吐氣時，放鬆身體各個部位，直到全身完全放鬆且內心平靜。

比較小的孩子，可能難以理解什麼是深呼吸或身體放鬆，可以讓他躺在床上，將一個抱枕或玩偶放在孩子肚子上。孩子吸氣時，會看到腹部的抱枕輕輕抬起來，吐氣時，會看到抱枕慢慢往下沉，孩子便會學到透過呼吸控制抱枕上下移動的速度與幅度。

當抱枕上下移動得速度愈慢、幅度愈大，表示正在進行深呼吸。這時，再引導孩子從頭部開始，逐一放鬆身體各部位。大人可以在孩子吐氣時，說出：「額頭，放鬆」「眼眶、放鬆」「臉頰、放鬆」「脖子、放鬆」……這樣的引導語。

當足夠放鬆時，孩子可能會睡著，也沒有關係，就讓他休息片刻。

2 心理想像

這個練習需要點想像力，透過將身體上的壓力或焦慮「視覺化」，進而轉化心情與安頓情緒。

通常我們焦慮不安時，只要將注意力放在身體的感覺上，都可以在身體上找到一個悶、脹脹或卡卡的部位，可能是肩頸、胸口、腹部或其他任何地方。那常是情緒能量堵住的部位，只要能獲得釋放，身心就會舒暢多了。

例如，想到考試時，感覺到胸口悶脹，就將注意力放在胸口悶脹的感覺上。閉上眼，仔細端詳那悶脹的感覺，長得是什麼樣子？

你會發現，那份悶漲的身體感受竟然有範圍、有形狀，甚至有顏色、材質、重量、溫度等，你正在內心將情緒感受「視覺化」或「具象化」。彷彿能看到一顆拳頭大小的石頭，卡在胸口正中央，它的外觀是深灰色，表面粗糙甚至有些稜角，相當沉重，約有一塊磚頭這麼重，溫度是冰涼的。

繼續將注意力放在那顆卡在胸口的石頭上，發揮想像力，開始轉化它的外觀。首先，你可以想像自己拿著一個滴管，裡頭裝了最喜歡顏色的染料，輕輕滴在那塊石頭上。你看著染料在石頭表面慢慢暈開，整個石頭都變色了，變成最喜歡的顏色，感覺一下，有沒有覺得舒服一點？

接著，試著在想像中，改變這顆石頭的大小、形狀、外貌、重量等，讓它變小一點、外表變得光滑、重量變輕。留意這些想像中的改變，是否讓自己的感覺更好一些。

最後，你也可以讓它愈變愈小，變成一顆小氣泡，穿過喉嚨，當你順勢張開嘴時，小氣泡就從口中輕飄出去。你看著它慢慢飄遠，對它說聲：「慢走，不送。」

這時候，原本堵在身體裡的情緒能量，就被轉化並完全釋放掉了，你會感覺到輕鬆舒服一些。

3 自我對話

嚴格來說，自我對話算是一種改變信念的技術。但是，自我對話不光只是調整對某些事物的看法，更是實際對著自己說出自我安撫或自我激勵的話語。

有學習創傷或學習焦慮的孩子，腦海中會不時浮現各種自我批判的聲音，可能來自老師、家長的苛責，最後被內化來不斷提醒自己的學習能力有多麼不如人，例如：

▼我沒能力把書讀好！

▼我天生就不是讀書的料！

▼這次考試我一定會搞砸！

▼再怎麼認真準備考試也沒用！

▼我就是個數學白痴！

我們都知道，大腦不斷在改變與成長，神經可塑性讓我們有機會學會任何東西。即使知道這些道理，要鬆動前述那些早已深植心中的局限性信念，談何容易？

我在《叛逆有理、獨立無罪》一書中提到一種以「同在模式」鬆動局限性信念的思考練習，其核心精神就是「不是試圖取代，而是允許存在」。我們不需要否定原有的局限性信念，而是在允許局限性信念存在的基礎下，延伸更多思考內容，建立起新的信念。舉例而言，當我相信「我就是沒能力把書讀好」時，可以調整我的思考內容為：「我沒能力把書讀好，同時我可以從簡單的地方著手，慢慢進步。」

許多人認為自己的學習能力就是如此，於是有「我的成績不可能再進步了！」這樣的局限性信念，用同在模式進行調整後，可以轉化為：「我的成績不可能再進步，同時我可以嘗試不同的學習策略，多學會一些內容。」

你注意到了嗎？在「同時」之前，是原本的局限性信念，在「同時」之後，接的不是一個極端正向的想法，而是比較具有彈性的信念。例如「我可以嘗試不同的學習策略，多學會一些內容」就比「我的成績會突飛猛進」這個信念更加彈性，也更能被接受。

規律作息、充足睡眠、經常運動

對大多數容易焦慮不安的孩子而言，只要生活規律，處在一個可預測的環境結構中，身心狀態就會穩定下來。

父母不妨檢視一下孩子的日常生活，每天的行程或作息是否大致固定，或變動很大。若是後者，一定要設法調整，讓孩子清楚知道每天幾點到幾點要進行什麼活動。當然，這得家長願意配合調整作息，如果家長自己的作息時間不固定，孩子當然無所適從。

而這些每日的行程安排，孩子最好也能參與其中。除了遵守家庭規則，孩子可以決定自己每天的讀書、休閒、閱讀或使用3C的時段，要如何安排。

不論大人或小孩都一樣，睡眠不足會導致情緒不佳、焦躁易怒。請確保幼兒或學齡階段的孩子每晚睡足九到十小時；青少年階段的孩子，也至少需要睡滿八到九小時。體力好、精神好，心情自然就美麗，學習成效也會提升。

兒童和青少年若有一項或多項運動的習慣更好！不論是騎自行車、打球、游泳、慢跑或是溜直排輪，這些運動都能直接調節身心狀態，釋放或發洩情緒，也能讓大腦思緒更清晰，運作更靈活。

當我寫作感到靈感不足、腸枯思竭時，我會起身去散步或慢跑，運動一會兒後再投入寫作，靈感就會源源不絕的湧現了。

所以，對於學習上陷入困頓的孩子，我總會鼓勵他們，去運動吧！

16 父母安定了，孩子便能安心學習

孩子比你想像得還要敏銳，能迅速接收並判讀父母身上的任何隱微訊號。希望無論如何，父母都要對孩子抱持信心，只要不放棄希望，孩子永遠有機會迎頭趕上。

當孩子學習動機低落、讀書表現不佳時，許多父母心急如焚，急著找各種管道來幫助孩子改善學習。然而，在積極為孩子找方法的同時，卻常忽略了要靜下來向內探究，此刻身為父母的我，內心世界到底怎麼了？

為什麼要這麼做？因為，你對課業學習抱持什麼樣的信念或態度，會深刻影響孩子如何看待課業學習中的自己，當然也會影響到孩子的學習表現。

裘．波勒在《大腦解鎖》書中引述一個研究。每個高中生都被要求繳交一篇文章，作業發回來後，學生都從老師那裡得到正面回饋，但其中有一半的學生多得到一句話：「因為我相信你做得到，所以給你這樣的意見。」

後來，比起其他學生，這群多得到那句話的學生一年後的成績大有進步。這個研究讓我們知道，大人對孩子的學習過程所傳遞出的訊息，會深刻影響孩子的學習表現。

父母會對孩子說些什麼，其實與自身對學習所抱持的信念和態度有關。

想一想，你是否相信孩子能學得會、學得好呢？你有多相信呢？

你對孩子的學習，抱持著什麼期待？

對孩子抱持高度期待

教育心理學上有個著名的「畢馬龍效應」（Pygmalion Effect），源自一九六〇年代教育研究學者羅伯特・羅森塔爾（Robert Rosenthal）的一系列研究。

羅森塔爾對一群小學生進行智力測驗後，對他們的老師說，其中有一些孩子的智力測驗成績優異，極富學習潛能，並列出這群「資優生」的名單交給老師。但事實上，這群被標定為資優生的學生，是隨機選取而來的。

一年之後，這些被列為「資優生」的學生，學業平均表現竟然顯著優於其他學生。這個研究顯示，老師對學生設定的期望高低，會大大影響孩子實際的學習表現。

為什麼會這樣？當老師面對有學習潛力的學生時，因為對他們有較高的期待，在教學上會給他們比較高的要求與挑戰，也會提供更多的回饋意見，並在有意無意間給予比較多的鼓勵或機會。這些資源對孩子的學習都有正面助益。

這正能解釋「標籤化效應」對孩子的影響，當我們對某些孩子貼上正面的標籤時，我們會用更積極或友善的方式對待他們，進而影響他們表現出更多正面行為。

當我們認定一群孩子是「魯蛇」、「駑鈍」、「庸才」或「沒用的傢伙」時，我們很容易無意間對他們表現出輕蔑的態度，不願意給予更多學習資源或機會，忽略他們積極正向的表現，甚至施以更多責備和懲罰，使他們表現出更多令我們搖頭的行為。

所以，大人怎麼相信，孩子就怎麼表現。當你看到孩子課業成績一落千丈、慘不忍睹，萌生想放棄這孩子的念頭時，要是你真的放棄對孩子的期待，那他也真的要放棄自己了。

父母要為自己的期待負責

你會說：「我怎麼可能放棄孩子呢？」

沒錯，期待是一回事，相信是一回事。你期待孩子有優異的成績表現，但內心深處卻不相信孩子做得到。

孩子比你想像得還要敏銳，能迅速接收並判讀父母身上的任何隱微訊號。從你說話的語氣、臉上的表情，一舉手、一投足，眉宇之間散發的神情，都能判讀得出你對他們是感到失望還是充滿信心。無論如何，父母都要對孩子抱持信心，只要不放棄希望，孩子永遠有機會迎頭趕上。

另一方面，我也希望父母不要過度期待，讓你的期待成為孩子的壓力。我在〈08溫暖支持，孩子書會讀得更好〉（頁九八）提到的虎爸、虎媽型父母，就是對孩子過度期待，把期待全放在孩子身上，進而以高壓威逼的手段要求孩子用功讀書。當孩子達不到父母期望，除了祭出嚴懲，還會用情緒勒索的語言來讓孩子感到愧疚、自責或恐懼。例如：

「爸爸媽媽那麼努力栽培你，怎麼就不能體會我們的用心，好好用功呢？」

「你考這什麼爛分數，對得起我們嗎？」

「你又讓我失望了，真的是白養你了！」

這些話語對受到學習創傷或學習動機低落的孩子根本起不了作用，甚至孩子的學習創傷就是來自這些令人窒息的話語。

父母當然要對孩子抱持期待，但也要懂得為自己的期待負責。也就是希望孩子能有好的學習表現，但要是孩子沒做到或做得不夠理想，也願意接受這樣的事實。同時，父母仍然不放棄這份期待，仍然願意相信孩子能做得更好。

成熟的大人需要為自己的情緒負責。如果孩子考試成績不理想或學習態度散漫，讓你失望，你要知道失望的情緒是你的，而非孩子的，孩子沒有義務去照顧你的期待落空。

孩子有責任為自己的學習與人生負責，而父母也有責任為自己的期待或失落負責。

如果父母能清楚區分這些責任歸屬，就不會把不屬於孩子該承擔的情緒壓力全都倒在對方身上，還一直說著：「我是為你好！」

自我覺察，與過去的自己和解

要做到區分責任歸屬，大人就需要學習「自我覺察」這道教養上無法逃避的功課。

讀過前面幾篇，不難發現我試圖傳達一個觀念，就是大腦終其一生會不斷成長與改變，神經具有可塑性，所以智力或學習能力可以透過努力而提升。

你可能會深感認同，但我要你摸著胸口問問自己：「我真的相信學習能力是可以提升的嗎？還是，我認為其實是有限制的呢？」你會發現自己的腦袋可能同意，但情感上卻過不去，也就是你不完全認同。

對！我也是。我也不完全接受這個說法。儘管讀過這麼多關於教育心理、大腦科學或學習動機的書籍，儘管有各種扎實嚴謹的研究做為佐證，我仍然覺得讀書似乎需要一些天分，有人就是讀得來，有人就是辦不到！

所謂自我覺察，就是要你檢視內心，正視來自內心的真實心聲。

如果，你向孩子灌輸大腦可塑的概念時，打從心底卻不是這麼認同，認為人的天分才華是天生的，後天難以改變或突破，那麼你也很難說服孩子。就好像，你對自己推銷的商品不具信心，要怎麼讓顧客買單？

你可以透過自我對話，問問自己：「我內心的這些想法來自哪裡？和我童年時期的成長經驗有關嗎？」你會發現，我們也可能帶著學習創傷長大。

成長階段我們也曾經在經歷學習挫敗時，為自己下了一個結論：「我不是讀……的料！」或也聽過大人這麼評價我們：「這麼簡單都不懂，你是豬嗎？乾脆不要讀好了！」

然而，這是真的嗎？

如果你要孩子相信自己，你就要先相信自己，對自己有信心。

否則，我們很容易被孩子的學習表現勾動起當年求學時的挫敗傷痛。面對孩子的學習不佳，彷彿看到當年的自己，各種焦慮、沮喪、無力的情緒感受再度湧現。

你以為是孩子不上進讓你惱怒，其實是在氣自己。你對過去的自己失望，也對現在的自己失望。我們不小心就會將孩子的成績，當做我們的「業績」。孩子成績表現良好，表示我是個績效良好的家長，自信光采、走路有風；孩子的課業成績敬陪末座，表示我是個失敗的家長，自責懊惱、顏面無光。

為了證明自己不是失敗的家長，為了不讓兒時的學習焦慮不斷浮現，你變成了虎爸、虎媽，用嚴厲高壓的手段逼著孩子學習，也可能你變成兩手一攤的家長，直接宣判自己教不來，把學習責任全推給學校。

孩子送給我們最大的禮物，就是讓我們有機會覺察自己，從源頭檢視自己，回溯自己的童年經驗，明白究竟現在的自己如何受到過去的影響。

於是，你也可以與過去的自己和解，而和解的開頭是理解。或許，你開始意識到自己也曾被父母或老師傷害過，也許會想怪罪他們，也可能很難原諒他們，這些都是正常的。只要你先願意去理解，就可以了！

然後，帶著覺知有意識的與孩子互動，面對孩子的學習議題，你才能真正給出支持的力量，而非在孩子身上複製學習創傷。

與老師溝通，不對孩子批評老師

學生時代，我們會遇到關愛我們的老師，也遇過令我們受傷的老師，於是你可能偏好某些老師的作風，同時厭惡某些老師的理念或教學方法。

孩子在學校裡也會遇到各種不同教學風格的老師，有些你很欣賞，有些就是和你不對盤。如果遇到與你理念相左的老師或者不認同老師的某些管教措施時，怎麼辦呢？

有個朋友的孩子剛升上國小中年級，重新編班後的新導師每天指派許多回家作業，令孩子叫苦連天。他去打聽了一下，發現不只自己的孩子作業寫不完，班上其他孩子也常為作業奮戰到很晚。而這位老師的作業量之多，確實是學校裡人盡皆知的事實。每天晚上，我那朋友看著孩子死命趕著作業時，就在一旁叨唸：「出這麼多作業有用嗎？讓孩子常常這麼晚睡，不好吧！這老師到底會不會教呀！」

他的孩子邊點頭、邊無奈的寫著功課。

我告訴他：「你可以不認同老師的做法，但請盡量不要在孩子面前批評他的老師。」

因為這麼做會讓孩子內心矛盾：「到底要聽誰的？」同時，孩子可能會對自己的老師感到不信任，連帶也影響該科目的學習。

當家長與老師的理念或做法不一致，或聽到孩子抱怨自己的老師時，比較恰當的做法是先聽聽看孩子怎麼說，盡可能了解事實全貌，並且同理孩子的情緒感受，讓孩子感覺到被支持。

如果你不認同老師的做法，也應該暫時在孩子面前幫老師講一下話，讓孩子理解老師這麼做的良善動機，例如：「我知道每天都有好多作業寫不完，你很痛苦！但我也希望你能理解，老師會出這麼多作業，是希望你們可以多多練習。我們一起想想看，有什麼方法能更有效率的完成作業。」

如果，你覺得學校老師的教學措施對孩子長期而言會帶來傷害，弊多於利，就請直接與學校老師討論你的想法，而非在孩子面前不斷批評咒罵老師，但又不願意去直接溝通。

或許親師溝通不一定會有好的結果，但在孩子面前批評他的老師，只會讓問題更糟！

PART 3

發展高效學習策略

17 生活愈自律，學習愈積極

讀書學習牽涉到的行為相當廣泛，需要啓動一個人整體的自我管理能力。孩子在生活中愈自律，平常能將自己的生活主動打理好，愈能在讀書學習上展現積極的學習行為，學習表現也會愈佳。

還記得本書一開始在〈前言 高效學習的關鍵要素〉（頁一九）提到的公式嗎？

成就＝動機×方法×練習

前一章我們談到如何幫助孩子提升學習動機，牽涉到學習過程中的情感、價值、自我效能以及自我控制等因素。有了想要把書讀好的學習欲望，還得搭配有效的學習策略，以及不斷反覆的練習，才能精熟課業內容，並在大小考試中獲得佳績。

廣義而言，練習也算學習策略的一個環節。我們都知道回家要花時間溫習功課，反覆研讀、背誦或演算。但這過程中，若能掌握要領，找到最佳的複習頻率與強度，這樣的練習才會有效果。因此，方法與練習需要互相配合，以讓學習成效極大化。

一般人想到學習策略，常常認為就是做筆記或背誦技巧，事實上，學習策略涵蓋的範圍非常廣，所有有助於改善學習成效、提升學習表現的學習行為或習慣，都算是廣義的學習策略。

學習策略的六大領域

我常喜歡用交響樂團的演出來比擬讀書學習。

交響樂團由許多不同樂器組成，這些不同樂器唯有在指揮家的引導之下和諧運作，才能演奏出一首首動人的曲子。

同樣的道理，課業表現要好，也需要學習者在不同面向上展現有效的學習策略，各自發揮功能，又能合作無間。學習輔導專家林清文教授與我，曾針對學習策略進行研究，將一般常見的學習策略歸納為六大領域：

1 認知領域

認知（或訊息處理）為讀書與學習最主要的途徑，包括注意、理解、組織、歸納、內外部連結、記憶（儲存與提取）、分析、判斷與應用等過程，大部分的學習策略均與認知領域有關，常見的包括：

- 目標設定：設定適合自己的學習目標，並適時調整或提升目標難度。
- 記憶策略：如心像法、複誦法、聯想法、記憶宮殿法等。
- 閱讀理解策略：如 SQ3R、MUDER 與 PQRST 等系統性讀書法。
- 運用合適的學習型態：包括視覺、聽覺與觸（動）覺等感官優勢類型。
- 筆記策略：如心智圖法、康乃爾筆記法、麥肯錫筆記術、XDite 讀書筆記法等。
- 後設認知策略：觀察與理解自己的認知過程並加以調整。

2 動機／情感領域

學習動機是學習活動的起點，學習者可以透過各種途徑，設法提升並維持自己的學習動機，包括：

- 找到課業學習價值：學習者如何看待課業學習的重要性。

- 引發學習興趣：在學習過程中找到學習本身或單一學科的樂趣。
- 提升自我效能：聚焦在微小的進步，並給予自己肯定，相信自己能學得更好。
- 自我獎勵：對於自己在學習上的付出與表現，給予言語激勵或實質獎賞。
- 情緒管理：調整面對讀書或考試的焦慮、緊張、恐懼或厭惡情緒。
- 歸因型態：採用樂觀及合理的方式，解讀課業表現結果。
- 堅毅／意志力：忍受學習過程中的挫敗或不愉快，誘惑管理、避免分心，永不放棄並堅持到底。

3 任務領域

有時候，我們也可以針對學習任務，如學習材料、學習內容、作業或考試等，進行直接調整與因應。包括：

- 任務評估：評估學習任務的難易度、內涵、特性、進行方式、考試或評分標準等。
- 任務調整：在各科的作業、考試之間求取平衡，適當調配要花多少心力於其中。
- 任務協商：根據自己的能力與課業負荷，主動與任課老師討論，並調整課業要求的標準、作業量與考試難易度。

☑ 考前準備策略與應考策略。

其中，任務協商在中小學的教育情境中較不容易執行，但在大學階段，學生有較大的空間與自由度去自主規劃自己的學習活動，學生與任課老師一同討論，並調整學習任務的難度與作業量，是相當普遍的。

4 環境領域

舉凡班級讀書氣氛、同儕影響、老師教學風格、溫習功課的物理空間等環境因素，對一個人的學習表現影響極大。學習者可以針對兩個部分進行策略性調整：

☑ 物理環境的調整：選擇一個安靜不受干擾的溫書地點、移除容易令人分心的干擾物品，或決定是否和他人一起讀書等。

☑ 外部干擾的調整：發生在生活周遭的重大事件，也可能影響讀書心情，或是排擠學習的時間。像是社團參與、家庭變故、同儕相處、親密情感等，都會影響學習的專注力。學習者需要辨識影響來源，並設法調整，讓自己能專注在課業學習中。

5 時間領域

妥善安排與規劃讀書時間，可以增進讀書效率，有效提升課業學習表現。時間領域的學習策略包括：

- 讀書時間的評估：評估研讀不同科目或不同單元所需花費的時間，以及有多少時間可用來溫習功課。
- 時間分配與規劃：在有限的時間之內，根據自己的讀書學習效率，與各科目的難易度與擅長程度，在不同時段安排不同的學習活動，擬訂讀書計畫表，規劃讀書進度以及使用零碎時間。
- 安排任務優先順序：觀察每日所需從事的各種活動，檢視各項活動的相對重要性，並依此排列優先順序。

6 求助資源領域

學習者可以利用環境中的各項資源來增進課業表現，包括人際資源與非人際資源。

- 求助人際資源：同儕、老師、家長或兄姊等；在面對學習困難時，能主動向他人請益、參加課後補習，或參考他人的讀書學習方式。
- 求助非人際資源：包括參考書籍、網路資源、線上學習平台，或是一些輔助學習的工具等。

學習者需要先意識到自己有求助需求，並且知道該向誰求助，同時也要清楚何時、為何以及如何求助。

這六大領域的學習策略（見下頁圖表6）與讀書學習息息相關，彼此也關係密切，無法單獨存在，更不能偏廢。好的學習者會在不同時機，視需要而運用這六個領域的學習策略，讓學習策略之間合作無間、相輔相成；也會時時檢視自己在哪個部分需要多花點心思去調整或改變策略。

先他律，才會自律

所以，最理想的狀況是孩子能成為讀書學習的「指揮家」，統領著各項學習策略的完美配合，視需要調度各項資源來增進學習效果。而這種指揮能力，也正是自我管理能力的積極展現。

別再認為讀書學習就是上課專心聽、課後用心讀、考前認真準備而已。讀書學習牽涉到的行為相當廣泛，需要啟動一個人整體的自我管理能力。

圖表 6 學習策略的六大領域

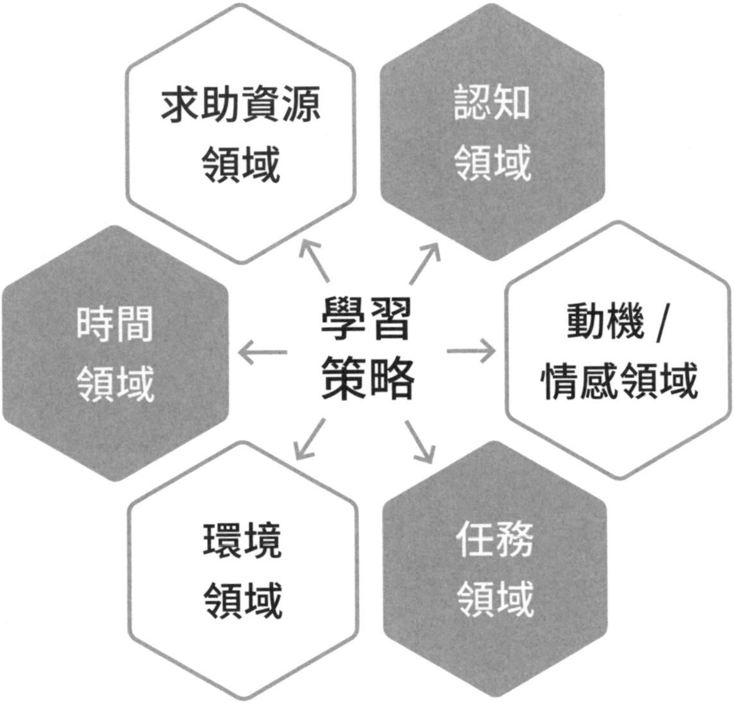

我們發現，孩子在生活中愈自律，平常能將自己的生活主動打理好，愈能在讀書學習上展現積極的學習行為，學習表現也會愈佳。

現在的問題是，不少孩子即使升上更高的年級，卻沒有表現出應有的自我管理能力，對自己該做的事情拖拖拉拉、漫不經心，無法遵從指令，難以持續專注，也無法克制欲望、延宕滿足。

排除少數孩子有身心疾病或先天發展障礙，其實常見的是家長沒有從小幫助孩子把這些生活或學習上應具備的能力準備好。一旦在課業學習上遭遇挫敗，很容易就此打退堂鼓。

要如何讓孩子願意自律呢？答案是，先從他律開始。

人的本性是好逸惡勞，孩子不會突然就變得自動自發，一開始通常需要家長提出要求，也就是父母應該給予明確的規範，告訴孩子每天需要完成哪些任務，其中包括寫作業與溫習功課。

生活規律，有助於養成讀書習慣

「快去讀書！別再滑手機了！」這句話你一定不陌生，也許正是你家親子之間每天上演的對戰戲碼。有的孩子回到家願意主動讀書寫作業，有的卻需要三催四請，甚至要父母大吼逼迫，為什麼會有這樣的差異呢？

關鍵之一，在於孩子是否有每天回家後溫書的習慣。

除了每天花一些時間寫作業、複習功課、課前預習、課後複習、考前再次溫習，有些讀書學習習慣也是愈早建立愈好，例如遇到不懂的去問人、收拾書桌避免分心、規劃與安排讀書時間等。

所謂習慣就是在某種情境下自動產生的一系列行為反應，習慣一旦養成，常能不假思索的展開行動。例如，「離開房間就關燈」的習慣一旦養成，離開房間時，就會順手關燈，在還沒意識到時，已經完成這個動作。

由於讀書學習相當費神，如果良好的學習行為能成為一種習慣，我們的大腦就可以保留更多的能量，花在需要高度專注的學習內容上。

父母不妨檢視一下，家裡一天的行程是否每天大致固定，家庭成員是否處在熟悉且慣常的生活節奏中。例如，孩子放學回到家，便先去盥洗，然後看一會兒電視或休息一下；接著，全家到餐桌上共進晚餐；晚餐後，家庭成員完成各自的家事分工，接著是溫習功課的時間，最後則是就寢。

如果這些日常行程能盡量固定下來，有助於孩子處在明確與可預期的生活節奏中，對小一點的孩子，能發展出心理上的安全感。同時，孩子也能夠在日復一日的規律生活中，反覆練習建立起常規，最後成為一種習慣。

於是，當時間一到，孩子自然就知道該做什麼事；這樣通常能避免孩子拖延，孩子也比較願意自動自發，父母更不用總是三催四請，或者應付孩子的討價還價。

也因為作息規律，大腦便可以將節省下來的能量花費在需要高度專注或相對困難的課業內容，通常是燒腦的題目或複雜的觀念上。孩子也因為學習效率提升，而爭取到更多課外閱讀、運動或其他休閒活動的時間。

我發現要孩子作息規律不難，困難的在於家長自己也得生活規律。

如果家長時常加班，回到家的時間不固定，孩子放學後，有時候要去安親班，有時候回祖父母家，有時候則提早回家，每天在不同的地方寫作業、溫習功課，吃飯、盥洗、休息的時間也不固定，孩子每天光應付生活變動都來不及了，當然沒有其他能量可以好好因應課業挑戰。

18 建立每日定時讀書的習慣

若能從小建立起讀書的習慣，孩子便有能力對抗與日俱增的課業壓力，當孩子能領受到這份習慣帶給他的好處時，對於讀書學習也會抱持比較正向積極的態度，也不需要大人三催四請才願意去讀書。

當我到國中、高中帶領「精進學習策略工作坊」時，必定會教孩子如何擬定讀書計畫。我會帶孩子回顧一週的學習概況，找出一週內每天各時段的精神狀況與讀書進度安排情形。

在這個練習中，我會給孩子一個時間表格，第一個步驟是劃掉不是用來溫習功課的時間，也就是留下可用來讀書或寫作業的時段，我稱為「可支配的讀書時間」。

練習到這裡，我有時會發現，有些孩子幾乎劃掉每天的所有時段，留下來的溫書時間屈指可數。這令我頗為驚訝，和我過去的經驗不一樣。我記得自己在中學階段每天至少會花二至三小時讀書，而這個習慣從國小便開始養成了。

我問：「你們每天回家，都不太溫習功課嗎？」

孩子們搖搖頭，我又問：「那作業什麼時候寫？要考試了怎麼辦？」

孩子們說：「最多就是把回家作業寫完。考試就前一天再讀就好了啊！」

我繼續追問：「寫完回家作業後，會再花點時間複習當天學到的內容嗎？」

不少孩子都搖搖頭。

原來，許多孩子每天回到家就只寫作業，考前才讀書；沒有固定的溫書時段，更不可能系統性的擬定讀書計畫。

每日溫書是學習基本功

邀請我前往授課的學校老師常會告訴我，這些孩子都不笨，就是缺乏有效的學習方法。但就我觀察，不只是學習策略上的問題，是根本沒有每天定時溫習功課的習慣。

如果平時上課學習的內容回家沒有立刻複習消化，等到考試前才拿起書本，那麼必定很吃力，也不會有好成績。這時候問我要怎樣才能改善學習表現，我也愛莫能助呀！

當孩子回家不願意複習功課，學校老師只好出更多作業與習題，來逼他們多少複習一下。惡性循環之下，回家作業愈來愈多，而孩子們則變得愈來愈被動。

然而，中學階段的孩子從小早已習慣「隨興讀書」，要他建立每日定時讀書的習慣談何容易。一方面，這個習慣沒有從小養成，現在才開始確實不易；另一方面，如果在學習上早已挫敗累累，看到書就厭煩，那麼放學後最渴望的事當然就是滑手機或看電視，回家作業也是應付了事。

幫助孩子自動自發讀書

從小父母就送我一個特別的「禮物」，我剛進國小時，要求我每天晚上在同一時間，得乖乖坐在書桌前讀書、寫作業，為我建立起定時讀書的習慣。即使離開校園許久，每天晚上我仍習慣進書房，可能是閱讀，也可能進行寫作。這習慣至今仍讓我受用無窮。

因此，我也鼓勵家長幫助孩子從小建立主動讀書的習慣；也就是每天放學後能在固定時間讀書、寫作業與溫習功課。所謂主動，就是不需要大人提醒或逼迫，孩子便願意去做。因此，習慣建立的初期，父母需要多花一些心思。但簡單來說，只要把握三個原則即可，亦即「小處著手」、「逐步漸進」與「反覆堅持」：

☑ 小處著手：從簡單，做得到的開始做起，順勢而為。
☑ 逐步漸進：隨著年齡成長，逐步拉長讀書的時間。
☑ 反覆堅持：每天都要堅持做到。

練習每日定時讀書

首先，每日定時讀書的習慣，該從何時開始做起？我認為國小一年級是一個絕佳的時間點，因為孩子從此時開始有系統的學習基礎知識，除了學校的課堂學習，課後複習的功夫也不能馬虎，而且這個時期父母對孩子仍有一定程度的威嚴與影響力。

在孩子上國小一年級前的半年起，父母最好開始向孩子預告會有這樣的安排，讓他有個心理準備。從開學第一天起，就要求孩子每天用過晚飯稍事休息後，於固定時間開始讀書。也許是晚上六點半、七點或七點半開始，都可以。你可以觀察孩子比較有精神或容易專注的時段，一旦確定時間，每天時間一到，就要求孩子坐在書桌前開始讀書。

要讀多久呢？一開始也許二十分鐘到半小時即可。請注意，務必從孩子可以做得到的開始，有的孩子一次只能專注十分鐘，那麼就從坐在書桌前閱讀十分鐘開始吧！

接下來，每升上一個年級，就延長一點讀書的時間。例如，升上國小二年級後，從半小時延長為四十五分鐘，三年級延長到一小時等。沒有一套固定的時間標準，完全視孩子的狀況而定。延長的時間也必須是孩子能做得到的才行，如果一口氣增加太多，孩子很容易因為做不到而放棄。

如此堅持下去，到了孩子約國小五年級時，便會自己視功課量、考試以及身心狀態做彈性調整，家長已經不用再為孩子規定讀書的時間了。只要孩子能在放學後，每天晚上在固定時間坐到書桌前開始讀書，就已經建立起主動讀書的習慣了。

給孩子規劃讀書內容的自由

把握前述小處著手、逐步漸進、反覆堅持三原則，要幫助孩子建立主動讀書的好習慣並不難。但在這過程中，家長還有些需要注意的事情：

1 創造利於讀書的情境氛圍

這裡說的情境氛圍，不是要家長幫孩子購置高級的書桌或文具，而是可以的話，請在孩子讀書的時段，關上電視、放下手機，拿起書報雜誌，在一旁陪著孩子一起閱讀吧！言教不如身教，以身作則比不斷嘮叨還有用得多。

2 只規定讀書時間，不規定讀的內容

在這段讀書的時間裡，孩子要讀些什麼書可以試著由孩子自己決定。若孩子的學校作業已經完成，那麼就複習老師白天所教的內容，溫習過了，則預習明天的學習進度；課內的完成了，接著就讀點課外讀物吧！

總之，這段時間就是只做與讀書有關的事情，但內容是什麼，家長可以給孩子點自由度，或引導孩子自己做規劃。

3 與孩子一起討論讀書計畫

延續上一點，當孩子不知道自己在這段時間可以做什麼時，家長千萬別急著下指導棋，不妨透過提問，引導孩子思索什麼是需要優先完成的功課。

例如老師指派的家庭作業，應該優先完成；明天要考試的科目，應該優先複習；當天老師所教授的內容，當天也要溫習等。多次討論後，孩子便逐漸學會如何做讀書計畫，規劃讀書的內容與先後順序。

4 陪伴但不過度干涉

有的家長在孩子做作業的過程中，全程緊迫盯人，一題一題監督，邊看還要邊指導，順便一題一題再教過一遍，弄得親子之間緊張兮兮、疲憊不堪。請放手讓孩子自行完成功課吧！完成後，家長頂多幫孩子檢查一下，提醒孩子訂正錯誤處即可。

5 鼓勵孩子自行解決課業疑難

當孩子在讀書的過程中遇到困難，家長該不該出手呢？首先，孩子沒有主動發問，家長大可以不必太過熱心的主動幫忙。當然，家長可以提醒孩子：「若遇到不會的題目，可以問爸爸媽媽，我們願意幫助你。」但若孩子太常呼救，一點小問題都要討救兵，顯然過度依賴父母，家長則要鼓勵孩子先自行嘗試各種解決方案。例如，翻閱參考書籍、上網查找資料，或打電話與同學討論等。

6 提醒孩子適度休息

有的孩子一旦投入自己有興趣的課業學習時，便會進入忘我的心流狀態，等感到疲累時，時間已經過了很久。家長要提醒孩子，至少每半小時起身活動一下，讓大腦及眼睛都能獲得充分休息。但也不必太頻繁的提醒，以免時常打斷孩子在課業學習中的心流體驗。

7 引導孩子體驗讀書後的成就感

從小到大，我雖然沒有很喜歡為考試而讀書，但卻時常能體驗到來自於讀書本身的正向情感。像是，全心投入解題時出現的心流狀態，或解開課業疑難時的成就感。而家長不妨在孩子讀書後，安排一些孩子喜歡的酬賞物，例如，允許孩子吃些喜歡的點心。但對孩子最具有威力的酬賞安排，絕對是來自父母的肯定與讚賞。請不吝惜的告訴孩子：

「我看到你今晚讀書如此投入，真是個用功的孩子！」

「剛剛你把回家作業一項一項完成，又能預習明天的課業，相當自我負責！」

「為了準備明天的考試，你花了比平常更多的時間溫書，辛苦了！」

如何幫助孩子建立主動讀書的好習慣，見下頁圖表7。

建立讀書習慣永遠不嫌晚

一般來說，面對考試及課業壓力，讀書都不會是個輕鬆有趣的過程。但若能從小建立

圖表 7　如何幫助孩子建立主動讀書的好習慣

1. 創造利於讀書的情境氛圍
2. 只規定讀書時間，不規定讀的內容
3. 與孩子一起討論讀書計畫
4. 陪伴但不過度干涉
5. 鼓勵孩子自行解決課業疑難
6. 提醒孩子適度休息
7. 引導孩子體驗讀書後的成就感

習慣，孩子便有能力對抗與日俱增的課業壓力，也就是擁有堅持下去的意志力。

同時，當孩子能領受到這份習慣帶給他的好處時，例如為他帶來好成績，即使面對課業壓力仍感痛苦，對於讀書學習也會抱持比較正向積極的態度，也不需要大人三催四請才願意去讀書。

那麼，如果錯過了從小建立定時讀書習慣的黃金時段，怎麼辦？

許多家長沒有從小規範孩子定時讀書，上了國中才發現孩子對課業抱著隨興態度，成績當然每況愈下。現在開始建立習慣，還來得及嗎？

當然來得及，但絕非一蹴可幾。遵照相同的原則，從孩子做得到的開始做起。

就我的觀察，一般的國中學生，每天晚上需要花費至少一個半小時讀書，才足以應付課業與考試。但對於從來沒有定時讀書習慣的孩子，要他一口氣坐在書桌前讀書超過半小時，真是要他的命呀！

家長仍需從孩子做得到的做起，不如從每天晚上讀書二十分鐘起步吧！若能持續做得到，一個月後再延長十分鐘，讓孩子逐步適應這樣的作息與步調。

但在這過程中，家長得有更多的堅持並給孩子更多鼓勵與肯定才行。

規律溫書的訣竅

如果孩子有心改善學習表現，我會建議從建立每日定時溫書的習慣做起，而一開始野心不要太大，從做得到的開始做起就好。步驟如下：

1 確立時間

也許可以從每天定時溫習功課一小時做起，最重要的是訂出明確的開始時間，例如訂在每天晚上七點，時間一到就坐到書桌前，開始讀書。至於是否真的能讀滿一小時則是其次，首要關鍵是先讓孩子養成「時間到就坐定位」的習慣。

2 安排進度

坐定位後，引導孩子想一想，今晚這一個小時要完成哪些作業？溫習哪些課業？準備哪些考試？什麼優先做？什麼擺後面？在紙上一一寫下這些待辦事項清單，每完成一項，就劃掉一項，這個做法本身就是在擬訂計畫與執行計畫了。

3 隔絕誘惑

溫習功課最麻煩的就是分心，而分心後又回不來，無法靜下來繼續讀。造成分心的最大元凶，想必就是手機。對於如何隔絕手機誘惑，我沒有其他方法，只有「眼不見為淨」一招。讀書時間一到，就請孩子將手機收起來或交出來；溫書過程中，非必要盡可能不拿出來使用。

4 自我記錄

建立每日定時溫書的習慣，真的很不容易。所以，當孩子做到時，請讓他自己在日曆、週曆或行事曆上打個勾，或做個記號表示完成。一段時間後，孩子會驚訝的發現，自己竟然累積了很多成功經驗，這會讓他更有動力繼續執行下去。

學習策略是在我們願意花時間讀書時，才有上場的空間。

當孩子能每日固定撥出一段時間做為溫習功課之用時，接著再來討論如何製作筆記、複誦記憶、閱讀理解、自我測驗、時間規劃、資源管理等學習策略，才有意義。

19 想要主動學習，先學做讀書計畫

真正難以管理的不是時間，而是自己的惰性。若要幫助孩子妥善運用時間，除了從做得到的做起，提升完成任務的自信心，還要幫助孩子學習做好誘惑管理，避免因為外在干擾而分心。

好幾年前我讀過一篇專題報導，雜誌記者採訪當年大學考試中成績優異的考生獲取高分的祕訣。每個同學的讀書方法各有千秋，但很巧的是，他們都會為自己擬定讀書計畫，明列各時段該複習的科目與進度，並逐一完成。

可想而知，讀書計畫是孩子學習與因應考試的利器。回想我的求學歷程，早在國小階段就會在每次月考前為自己規劃考前三天或一週的複習計畫。

面對大型考試，例如當時的高中聯考或大學學測，以及後來的研究所及心理師證照考試，我也會為自己規劃考前一到兩個月的複習計畫。

和製作筆記一樣，沒有一套完美且適用所有人的讀書計畫。孩子應該在自我了解的基礎上，於不同時段安排不同的溫習科目與讀書進度。

養成做讀書計畫的習慣

你的孩子有做讀書計畫的習慣嗎？只要觀察他每天寫作業與溫習功課前，是否會先列出今晚的溫書任務，思考哪一項作業先做、哪一項作業後做，哪些科目先溫習、哪些科目有空再讀，排定先後順序後再執行。若能做到這些，表示孩子已經有做計畫的觀念。他不是隨興讀書，想到什麼讀什麼；更不是看心情，心情好讀這科，心情不好就不讀。

我在上一篇談到，父母在孩子每日定時讀書的時段裡，盡量給孩子一定程度的主導權，自己決定要讀些什麼，以及安排任務先後次序。如果你都幫孩子先安排好了，只要求孩子照表操課，久了孩子也不願意自己去計劃與安排自己的學習大小事。

所以，你只需要幫孩子規定一段定時讀書的時間，至於他要讀什麼、怎麼讀，請放手讓他自己安排。然而，一開始孩子肯定不會自己安排，也安排不好。就好像我小時候每寫完一樣作業，就會去問母親：「媽，接下來我要讀什麼？」

你可以在每天晚上孩子開始溫書之前，透過提問與孩子共同討論這個話題：

1. 今天老師指派了哪些回家作業？
2. 今天老師教了哪些科目與單元？
3. 明天是否有要考試的科目？
4. 有哪些需要預習的科目與單元？

讓孩子一一回答這四個問題，就是在幫助他檢視自己有哪些溫書時的「待辦事項」，請孩子把這些事項一一寫下來。接著問他：「在接下來一個小時的溫書時間裡，你打算哪一項先做，哪一項放後面？」

讓孩子思考過後，與你分享他的決定。同時問孩子這樣安排的理由，不管他講得是否有道理，請先不要否定他。父母可以分享建議，但也尊重孩子的決定，讓他先去試試看。結束溫書後，再問問他：「這麼安排，效果如何？」或「明天可以怎麼調整？」

只要孩子都能在每天晚上開始溫習功課前，思索一下各項學習任務的先後次序，他便能建立起做讀書計畫的習慣了。

而這樣的討論與互動，在孩子國小低年級時就應該開始。到了中、高年級，孩子就會先問自己這些問題，並養成在溫書前做計畫的習慣。

擬定讀書計畫的原則

事實上，擬定讀書計畫並非難事，只要拿張紙，畫個表格，上面填入預計溫習的科目與進度，接著照著做就好了。問題是，有太多人擬定了計畫卻總是做不到。為什麼呢？因為高估了自己的執行力，一開始做不到，便很容易放棄。

因此，孩子要學的是擬定適合自己且做得到的讀書計畫。

以擬定考前一週的讀書計畫為例。拿出一張白紙，在上面畫一個一週的溫習功課時間表，接著根據以下步驟進行安排：

❶ 確認每天有多少溫習功課的時間，先刪除絕對無法溫習功課或寫作業的時間，例如睡覺、吃飯、上課、補習、洗澡或運動等，剩下的就是「可支配的讀書時間」。

❷ 確認每天有哪些重要的作業、考試與溫習進度。

❸ 依照後面章節將提到的一些學習原則，在可支配的讀書時間中，逐一安排讀書進度，有幾個大原則：

- 「緊急重要」原則：評估各項作業與讀書內容的重要與急迫程度，明天就要繳交的作業，要優先做好；明天就要考試的範圍，要優先溫習。也就是，愈重要或較緊急的事情，要優先完成。

- 「當天複習」原則：當天上課教的新內容，當天晚上就要複習。
- 「短時多次」原則：不用花太多時間複習，但相同內容要在不同日子複習很多次。
- 「分段反覆」原則：範圍較廣的學習內容，可以拆成幾個段落。第一次複習時，依照順序從頭讀到尾；第二次複習時，則可以調動段落次序。
- 「扎實預習」原則：花更多時間在預習上，在老師還沒上課前就讀過內容，並且製作預習筆記。
- 「科目變化」原則：一段時間就要變換讀的科目，相鄰時段不宜安排同性質的科目，避免大腦認知疲勞。

❹如果遇到較為困難的科目（通常對許多人而言是數學），或較複雜的單元，可以安排在讀書時間一開始的時候。當學習卡關或題目解不出來時，不要在上面耽擱太久，立刻換到下一個科目的進度，讓困難的問題進入發散模式中飛一會兒。等晚一點再回過頭來解剛剛的題目，說不定就海闊天空了。

由此可知，計畫擬定後，絕非固定不變，應隨時動態調整。做不到的計畫，就是失敗的計畫；因此，如果計畫擬定後，執行起來有難度，就應試著簡化，以孩子能做到為原則。

在經過練習與調整一段時間之後，若是有了成效，孩子就會更願意主動為自己的學習做計畫，並且確實執行。

番茄鐘工作法

在時間管理上相當多人推崇的「番茄鐘工作法」，可否運用在孩子的讀書學習上呢？當然可以，這是無庸置疑的！因為，番茄鐘工作法的創始人當初就是用這個時間管理方法，幫助自己完成課業學習，發現更能專注，也更能持續。

番茄鐘工作法的做法，簡單來講就是去找一個鬧鐘，設定每二十五分鐘鈴響，然後休息五分鐘。而在這二十五分鐘內，你必須心無旁騖的專注於同一件任務上，不可以滑手機、接電話，或做與任務無關的事情，否則番茄鐘工作法就破功了。

可見番茄鐘工作法適用於極度自律的人，一坐下來就工作個兩、三個小時都不休息的人就需要這樣的機制，定時提醒自己轉換一下身心狀態，透過間歇性的休息，避免認知疲勞，讓自己的工作效率始終處在顛峰。

孩子溫習功課或準備考試時，由於需要全神貫注，使用番茄鐘工作法，是再適合不過了。許多家長或孩子面臨的第一個問題是，一定要設定每二十五分鐘才休息一次嗎？

1 單位時間設定

這個問題問的是，孩子溫習功課時，每個單位時間需要設定多長？二十五分鐘的時間設定是否適用於每個人？我想不盡然。這需要視一個人的專注持久程度而定，也要視工作任務的性質及難度而定。

基本上，愈小的孩子，讀書的專注持續時間通常較為短暫，也許不到二十分鐘就開始神遊、精神渙散了，那麼就不用堅持一定非得以二十五分鐘做為一個單位時間。

家長不妨觀察孩子平時在溫習功課或寫作業時的專注續航力，並且與孩子討論後再決定。就算一開始只能做到持續專注十分鐘，那就從十分鐘開始，每十分鐘休息五分鐘。一年或半年後，再逐步延長時間。關鍵是，從做得到的開始做起。

另外，還有一個評估指標是孩子完成一項學習任務通常需要多久？國小或較低年級的孩子，課業較簡單，作業量較少，花費的時間也相對較短，那麼單位時間可能設定在二十五分鐘以內。

相對的，上了國中或較高年級的孩子，課業的難度加深、內容加廣，完成每份作業或每項學習任務的時間會拉長，單位時間當然可以多於二十五分鐘。但建議最多以五十分鐘為限，中途休息時間也跟著拉長為十分鐘。

2 安排學習內容

接下來，如何在每個單位時間內，妥善安排學習的內容呢？

原則上，每個單位時間內只做一項任務就好。

也就是，不要在同一個單位時間內，塞進許多不同科目的作業或學習任務。當然，也有可能發生某些作業很快就可以完成或某些作業需要花較長的時間，而溫習不同科目需要花費的時間也不同，怎麼辦？

若遇到上述情形，在每個單位時間內，就不會只排入一項學習任務，不妨參考以下兩個原則：

❶ 在每個單位時間內，盡量安排同性質的學習任務。例如，溫習英文進度後，接著練習英文習題，再預習明天要上的進度內容，這麼做可以避免短時間需要頻繁轉換認知焦點，而降低學習效率。

❷ 把零碎的作業或活動，全擺在同一個單位時間內；而其他的單位時間，則安排從事

需要較長時間的學習任務。這是時間管理上，「大塊時間」與「零碎時間」區隔運用的原理，大塊時間留給需要長時間的艱難工作，零碎時間則安排可以短時間內完成的簡單任務。

3 預設彈性時段，補上落後的進度困擾

讀到這裡，你大概能想到番茄鐘工作法在實際執行前，需要做許多評估與確認工作。包括確認有多少時間可以運用與支配、確認有哪些重要的工作任務，評估每項工作任務大約要花多少時間，依照輕重緩急排定優先順序等，這些都是時間管理與擬定計畫的基本功。

在此再度強調，家長不妨與孩子一同討論上述事項的確認與評估工作，通常是請孩子先自己試著做計畫，父母再針對可行性從旁給予建議或協助調整。切勿直接代替孩子做決定，否則，孩子永遠學不會時間管理，只學會聽父母的話就好。

這又衍生出另一個問題，如果單位時間的課業進度沒有讀完，怎麼辦？只要透過安排「彈性時段」就能解決這個困擾。也就是選擇某個單位時間，不排任何作業或進度。

如果是擬定一天的讀書計畫，彈性時段會放在一天中的最後一個單位時間；如果是擬定一週的讀書計畫，彈性時段則會安排在週末的某一個上午、下午或晚上的時段。

於是，當原本的課業進度沒有如期完成時，就不必陷入進退兩難之中，而是把沒讀完的部分，放心的擺到彈性時段，回過頭再補起來就好。

不論是擬定讀書計畫或者番茄鐘工作法，都是為了妥善管理時間，提高讀書效率。然而，真正難以管理的不是時間，而是自己的惰性。若要幫助孩子妥善運用時間，除了從做得到的做起，提升完成任務的自信心，還要幫助孩子學習做好誘惑管理，避免因為外在干擾而分心。

在前一篇我們曾提過如何做好誘惑管理，避免分心，不妨往前翻一下，複習那個段落的內容。只要能排除干擾，在每個單位時間內全神貫注，讀書計畫的執行效率就能提高。

20 扎實預習，贏在上課前

鼓勵孩子做好扎實預習，課堂上要做的事是弄懂不清楚的地方，並核對老師講述的重點和自己擷取的是否相同。這時，孩子對教材的熟悉程度，遠勝過完全不做預習而花費大量時間複習，學習效率將大幅提升。

我們從小就知道，讀書學習有三個階段：「課前預習」、「課堂學習」和「課後複習」。哪個階段最重要呢？我問過不少學生，大概有百分之六十以上說是課堂學習，也有不少人把更多心力放在課後複習上。畢竟，好好溫習功課，才能妥善應付考試。

印象中，我在學生時代也是把較多心力花在課堂學習和課後複習上。中學時期，學習內容加深加廣，有時候在課堂上無法完全聽懂，回到家便靠自己認真鑽研，倒也順利度過國中三年，成績還名列前茅。

到了高中，依然如法炮製，卻行不通了！

上課時，老師在課堂上講得口沫橫飛，有時趕起進度，哪管你聽懂了沒；常常上完了課，一臉茫然、一知半解。只好告訴自己：「好吧！回家再想辦法弄懂！」無奈，高中階段的課業難度，真不是靠「自學」就能應付的。每天晚上再怎麼認真反覆讀，仍然無法融會貫通。最後，只好全都背起來。然而，腦容量再大，這些艱難的課業內容也不是光靠強記就能應付得了。所以，不會的地方還是不會，基礎觀念沒搞懂，下一階段的進階內容，更是無法進入狀況。就算費盡洪荒之力，仍感力不從心。

課前預習，學得更輕鬆

長大後才發現，原來學習高手的讀書效率之高，關鍵不在他們比別人更聰明，也不是課後花了更多時間複習，而是在進入課堂前，就已掌握大半的學習內容，也就是「贏在上課前」。這大大翻轉一般人的學習習慣，你需要花更多的心力在「課前預習」這道功夫上。課前預習最簡單的方式，就是根據明天老師可能會講授的課程進度，把教科書或教材拿起來瀏覽一次，對學習內容有個概括的認識與印象。

前一篇我們談到如何避免分心，分心會發生在課後溫書時，更常發生在課堂上。人類一直都是分心的動物，分心讓我們的祖先在原始叢林中，能對外界的風吹草動立即做出反應，成功躲避猛獸或外族入侵，因而提高存活與繁衍後代的機會。人類的大腦本來就是為此而設計，我們都帶著老祖宗的基因來到了課堂上，自然也會隨時注意到外界發生了什麼事。

另外一個分心的來源，是我們的內在。當你感到疲勞、疼痛或肚子餓時，注意力便會放到身體上，此刻便暫時與黑板前的老師斷了連結。當然，如果你剛好有心事，不知不覺的想起這些事，你也正在分心，但你會說自己「恍神」了。

所以，在課堂上分心是再自然不過的了。然而，我們卻常因為一個恍神，或者不小心打個瞌睡，就錯過老師講述的某些重要概念。上課沒有充分聽懂，回到家就得花更多心力讀，事倍功半。如果有課前預習的習慣，就能避免這樣的憾事發生，並提高課堂學習效率。在課堂上你會更加專注。因為你知道老師接下來會講述哪些內容，對於比較艱深的部分，你會聚精會神、認真聽講；已經能理解的部分，就輕鬆以對。

課前預習的重點

所以，我們應該鼓勵孩子，多花些心力在課前預習這個步驟上。

如果孩子有心追求更高的學習效果，光是課前瀏覽過教材還不夠，必須花更多時間和心力認真讀。在這個階段的任務是：

❶ 標示重點
❷ 製作筆記
❸ 提出疑問

首先，把教材內容瀏覽一遍以後，開始精讀，在關鍵字詞或重要概念上做記號，畫線或圈起來，也就是「畫重點」。試著找出課文中艱深、看不懂或不易理解的段落或概念，特別用不同顏色的筆標注出來，這便是在課堂上需要額外認真聽講的部分。

精讀並畫重點之後，開始製作筆記。可以將筆記另外寫在筆記紙上，也可以直接寫在教科書的空白處，呈現方式可以條列、圖示，甚至畫成心智圖（Mind Map）。其實，沒有哪一種筆記方式是最完美的，找出適合自己的就好。

做筆記的目的是把課文資料化繁為簡、去蕪存菁，摘要出關鍵重點，重新整理成能方便閱讀與快速理解的形式，以便日後複習與記憶。所以，邊做筆記時得要邊想著：「未來複習時，我是否看得懂我的筆記？」以及「這份筆記，能幫助我記住重點嗎？」

完成筆記後，請把教科書及筆記都合起來，閉上眼睛，回想一下剛剛精讀過的教材，檢核能回憶出多少，試著用自己的話語，把深難的概念對自己講述一次。若能說明清楚，表示完全理解了；如果講不明白或哪裡卡住了，就得回到教科書或筆記中再讀一次。

此刻進行的，正是「積極回想」這個學習與記憶策略，唯有透過積極回想，才有辦法檢核自己是否讀通、讀懂了，也才能發現問題在哪裡。

製作屬於自己的筆記

許多學生都會做筆記，但大多數是在課堂上抄寫筆記，或者課後做重點整理。然而，筆記應該從課前預習就著手。比起課堂筆記和課後筆記，課前預習筆記的價值更高。

家長不妨要求孩子從小養成邊預習邊做筆記的習慣。要如何做筆記呢？父母得先幫孩子建立起兩個關於筆記的觀念：

- ☑ 製作筆記除了幫助記憶，更是閱讀理解與思考的過程。
- ☑ 沒有最好的筆記，只有最適合自己的筆記。

學霸的筆記整理得精采美觀，但那是他智慧的結晶，不一定適合你研讀或複習。只有透過自己思考後，親手書寫出來的筆記，才是最實用的。在求學階段，親手書寫的筆記，會更勝於使用電子裝置製作筆記。

坊間有許多受歡迎的筆記術，一般學生若要練習製作筆記，可以從「簡單筆記」著手，熟練後再進階到「全貌筆記」。

1 簡單筆記

簡單筆記強調的就是「簡單」（見下頁圖表8）。每閱讀一個段落，就在課本或教材的空白處，摘記下這一段的重點。不需要很有系統，只是零碎的寫下關鍵字詞、條列重點，或者畫出圖表，當然，也可以寫出疑難問題。

該段落有重點就寫下來，沒重點就不需要寫。如果課本上的位置不夠寫，也可以把重點寫在N次貼上，貼在相對應的課文段落旁。日後複習時，就能邊閱讀課文，邊對照著一旁的筆記強化印象。

2 全貌筆記

另外找一本筆記本，每閱讀一個單元，就在新的空白頁面寫出整個單元的「全貌」（見圖表9，頁二四二）。全貌筆記強調的，不只是零碎的知識或概念，還有文章的整體關聯，

圖表8 簡單筆記示例

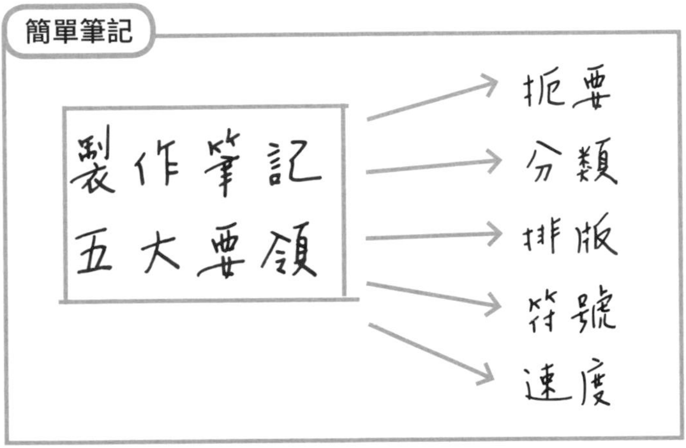
簡單筆記
製作筆記五大要領
扼要
分類
排版
符號
速度

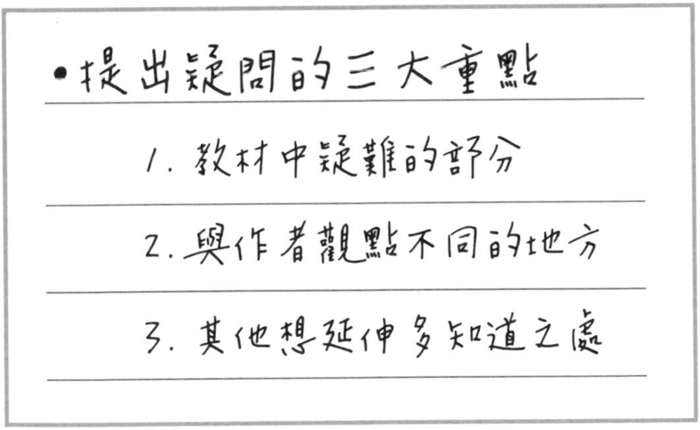
•提出疑問的三大重點
1. 教材中疑難的部分
2. 與作者觀點不同的地方
3. 其他想延伸多知道之處

圖表 9 全貌筆記示例

全貌筆記

3-20 扎實預習，贏在上課前：

一．預習的重要性

（一）學習高手上課

（二）為什麼需要課前學習

1. 避免上課分心

2. 上課時就完全聽懂

二．課前預習：①標示重點 ②製作筆記

（一）標示重點

1. 先預覽

2. 關鍵詞 ⇨ 畫線 or 圈起來

3. 標注

（二）製作筆記

1. 適合自己的最重要，可以：

(1) 另寫在筆記紙上

(2) 直接寫在教科書空白處

(3) 以條列、圖示或心智圖等方式呈現

2. 筆記的目的：化繁為簡、方便複習

3. 完成筆記後：積極回想、自我檢核

有系統且完整的呈現在筆記中。

因此，要做出全貌筆記，必須把整個單元的內容全都閱讀過，邊閱讀邊畫重點，或者圈出關鍵字詞。除了找出每個段落的重點，更要理解前後文的關聯與脈絡，最後在筆記中呈現文章的組織與結構。

因此，你可能會先寫出各段落的標題，然後找到該段落內包含的次要概念。也許次要概念之下，又可以歸納出幾個更細的重點。所以，製作筆記正是一段積極思考的過程。

現在不少中小學老師都會帶領或鼓勵學生繪製「心智圖」，就是一種全貌筆記。不過，孩子也可以用任何方式呈現文章的組織與結構，沒有制式的唯一標準做法。重要的是，孩子自己能讀懂並幫助複習與記憶即可。

以我的求學經驗為例，大學前都是整理簡單筆記，其實也已經夠用。直到準備研究所考試前，因為需要精熟的內容實在太多，我便開始為各科目的各章節整理出全貌筆記。

第一次閱讀時，邊閱讀、邊理解，邊整理筆記；第二次複習時，將教科書與筆記並列，互相參照；第三次以後的複習，就只研讀筆記。因為精華都在筆記中，研讀筆記能節省更多時間。

不論如何做筆記，父母都需要提醒孩子，把握以下做筆記的要領：

1 扼要

找出並寫下具代表性的關鍵字或詞，千萬不要照抄課文，否則畫重點，讀課文就好了。

2 分類

將段落或文章中各項概念合理歸類，階層結構清楚，能呈現出前後文的脈絡與關聯性。

3 排版

版面配置整齊美觀，雖不要求看起來像參考書一樣精美，但至少不要潦草凌亂，使得日後複習時難以理解。

4 符號

善用線條、顏色與符號輔助呈現，每種線條、顏色與符號，都應該有固定的意義，也要避免做出五顏六色、花花綠綠的筆記。

5 速度

筆記需要在短時間內完成，如果花費過多時間，只為了完成一份精美的筆記，那就排擠掉其他複習功課的時間了。

別把問題帶回家

製作好預習筆記後，孩子還要提出疑問。父母要與孩子討論，如果明天上課或下課時間，能夠請教老師三個問題，孩子會問些什麼？提問的重點包括：

1. 教材中疑難的部分。
2. 與作者觀點不同的地方。
3. 其他想延伸多知道之處。

當然，孩子不需要等著明天才去學校請教老師，現在就可以運用手邊的資源，透過參考書或網路，找更多資料來解答疑難。這樣的學習步驟，便帶有「自主學習」的精神，孩子是主動學習，而非被動的吸收知識。

這肯定會花費不少時間，鼓勵孩子做好扎實預習，明天到了課堂上，至少還沒上課前就精熟百分之七十以上的學習內容了。課堂上要做的事是弄懂不清楚的地方，並核對老師講述的重點和自己擷取的是否相同。接著，修改或增補筆記。當然，若仍有不清楚之處，孩子也得願意舉手發問，或在課後請教老師。

總之，孩子得確保在學校時，就能完全掌握學習內容，別把問題帶回家！

那麼，回家後只要拿出筆記對照教科書稍微複習，確認自己記住了重點，或找些習題來練習，測驗自己是否確實理解，這樣就行了。

先預習再進教室

如果父母想幫助孩子學得更好，課前預習、課堂學習與課後複習這三個階段，課前預習應該投入最多的心力，課後複習反而不用花太多時間。

想一想，課前已經扎實讀過一遍，在課堂上又聽老師講述過一遍，回到家大略溫習即可。反覆接觸，才會記得更熟。這時，孩子對教材的熟悉程度，遠勝過完全不做預習而花費大量時間複習，甚至不會留下難解的疑惑，學習效率將大幅提升。

當然，孩子可能會抱怨，寫作業或準備考試都沒時間了，哪來的時間預習？如果孩子從小沒有課前預習的習慣，確實會遇到這樣的窘境。萬事起頭難，可以的話，鼓勵孩子在上課的前一天晚上，大致瀏覽一下明天會學到的課程進度。時間允許，就精讀並製作筆記；

時間不夠，就算只是看一下大標題，也比都沒預習來得強。甚至，只要在上課時，老師走進教室前，大略了解一下待會上課的內容，都會有幫助。

孩子與學霸的距離，就差在是否做到「扎實預習」這道功夫。千萬別讓孩子腦袋空空就進教室，很可能他也會一片混亂的走出來。

21 強化理解與記憶

當我們能夠掌握大腦運作原理，就能以大腦偏好的學習方式學習，才會事半功倍。大腦在鑽研或學習新知識時，常有「專注模式」和「發散模式」兩種狀態，若孩子能理解並妥善運用，也可增進學習效果。

卡通「哆啦A夢」中的大雄，對學習不積極，平常沒讀書，考前才臨時抱佛腳，哭著拜託哆啦A夢幫忙。「沒問題，交給我！」哆啦A夢拿出道具「記憶土司」，只要將書本內容一頁一頁印在記憶土司上，再吃下去，就能記住書裡的內容，應付考試不成問題！

相信你和我一樣，小時候超想要擁有記憶土司。不過回想起來，我在升高中以前不認為記憶是個問題。我知道，只要花時間多讀幾次就會記住。但高中的學習內容比國中多上好幾倍，要把海量知識塞進腦海中，成了我的煩惱。

看到身旁某些同學總能不費功夫記住課本中的任何細節，考試時能寫得出答案，真是羨慕不已。當時一度覺得是自己天生記憶力不夠好，直到長大後接觸了心理學與大腦科學，才知道原來學習與記憶是有訣竅的。

用大腦偏好的方式學習

近半個世紀以來，大腦科學的研究成果豐碩，我們得以窺見人類學習時大腦的運作狀態。我們知道，學習與記憶仰賴大腦中神經細胞間不斷連結與強化的過程。

每次回想或接觸某個概念，大腦中的神經連結就會被活化一次，神經網絡間也會連結得更強韌。這些學習內容會被輸入並儲存在長期記憶中，長期記憶位在大腦皮質層中，照理來說，是沒有容量限制的。當需要用到這些知識時，大腦的工作記憶（Working Memory）就會從長期記憶中，提取出所需的訊息，這時候知識就被我們「回想起來」了。

所以，記憶在大腦的運作中，牽涉到「輸入」和「提取」兩個步驟。如果你覺得記不住所學，或讀過的內容在考試時想不起來，很可能是一開始就沒有確實輸入；也可能是訊息輸入並儲存起來了，但提取時發生困難。

有愈來愈多的學習專家發現，直接向孩子介紹學習與記憶時大腦的運作機制，可以有效幫助孩子提升學習效率。以下整理幾個大腦偏好的學習原則，家長不妨試著向孩子說明：

1 頻率比強度還重要

假設，你在某次考試前採取兩種複習策略：一種是在考前一天，一口氣花了三個小時讀書；另一種是從考前一週開始，每天花半小時溫習考試範圍的內容，重複溫習好幾天。

請問，哪一種的複習效果好？

答案是後者。為什麼？因為重複接觸能讓神經連結得更好，學習任何技能都是如此，包括樂器、運動、閱讀、算術、魔術、繪畫、寫作等。你會發現，一天之內一口氣練了很久的鋼琴，感覺還是在原地踏步；但若每天花一點時間練習，持續一週後，就會看到明顯的進步。

運用這樣的原則來複習課業，稱為「間隔複習法」。

2 提取比輸入更重要

你以為讀了很多次，已經滾瓜爛熟了，實際上並沒有真正記住。重複接觸學習內容確實有助於記憶，但還需要靠回憶來強化記憶，也就是在腦中回想閱讀過的教材或上課聽講時的內容。

回想學習過的內容，一方面能幫助檢核是否精熟了、真正記住了，另一方面，每回想過一次，與這些知識內容有關的神經連結就被強化一次，記得更牢。

回想就是一種提取的過程，透過回想，我們不斷提取儲存在長期記憶中的資訊，便能幫助我們在日後需要時，更容易從長期記憶中找出類似訊息。

考試作答本身也是提取的過程，有時候讀過很多次不代表考試時就提取得出來。必須在平時複習一個段落後，就試著回想剛剛讀過的內容，或接著做評量與測驗，檢核是否精熟了，這樣能幫助你在考試時，更容易提取出複習過的內容，而能正確作答。

3 同時觸發，強化連結

神經科學的研究發現，在學習過程中，同時活化的神經細胞會被連結在一起，許多神經連結不斷被同時活化，就會形成一組神經網絡（見下頁圖表10）。不同的感官系統（視覺、聽覺、觸覺、味覺或嗅覺）若共同參與某個經驗時，也會被整合在一組神經網絡中，於是就有「睹物思情」這樣的情形發生。

所以記憶輸入時，盡可能運用多重感官，未來提取時更輕鬆容易。像是，複習課業時，不只用眼睛掃描文字，腦海中隨著文字內容形成心像，在心中默讀讓自己聽見（重要的地

圖表 10 大腦神經網絡連結示意圖

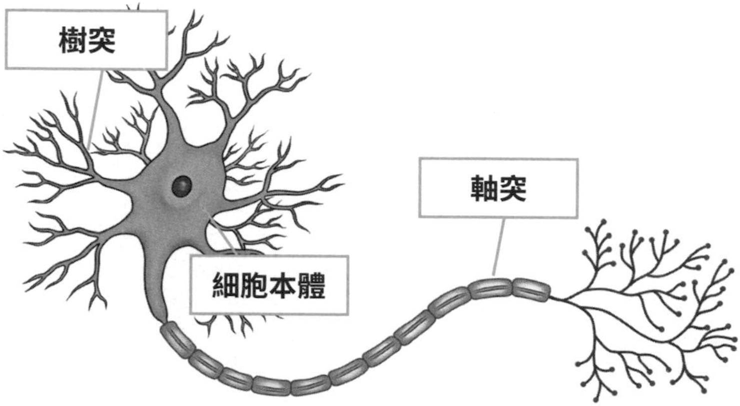

方不妨讀出聲音），手也邊在紙上抄寫，甚至，身體可以動一動，不同的身體感官便共同參與學習與記憶的歷程。

另一個同時觸發原理的運用，就是在讀眼前的教材時，邊回憶或翻閱之前學過的相關資料，讓新舊資訊相互連結，整合在一起，最後形成綿密的知識網絡。當知識網絡的連結愈強，日後要提取出相關概念來使用，也會相對容易。

而這些既有的知識網絡，也能幫助我們去理解新學習的知識，甚至發想出有創意的方法來解決問題，所謂「觸類旁通」就是這個道理。專家和門外漢的差別，就在於專家對他們專精的知識領域，大腦神經網絡的連結相當綿密且強韌。

我後來才知道，在高中時期遇到的很多看似記憶力很強的同學，他們大腦裡的知識網絡是相當綿密的，所以他們對於新知識不必死記硬背，能夠很快的理解並消化吸收，考試時也能順利提取出來。

4 充足睡眠，鞏固記憶

前文提到「頻率比強度還重要」的原則，不只是因為反覆接觸能強化記憶連結，更因為在不同的日子學習，晚上睡覺時，大腦將白天所學從短期記憶轉化至長期記憶中，稱為「記憶固化」（Memory Consolidation）。白天清醒時，我們隨時都在吸收外界訊息，大腦只能在晚上休息時，把白天腦子裡雜亂的海量訊息分類整理、去蕪存菁。

若我們在清醒時刻意複習過某些內容，這些訊息就會在睡夢中被大腦保留下來，儲存在長期記憶中，以便日後可以提取使用。不過，記憶固化是發生在深度睡眠時，若太淺眠、睡眠品質不佳，或睡眠不足，反而會覺得自己記憶衰退，很多事情想不起來。因此，請確保孩子每天晚上能睡足至少八小時，國小階段的孩子，甚至需要九小時以上的睡眠時間。

5 變換不同科目

再喜歡的食物，吃久了、吃多了也會膩，這樣的狀況也會發生在學習上。學習新事物，大腦會充滿新鮮感，但如果持續太久的時間，也會感到疲勞、無趣，因而專注力下降，甚至出現類似「腦袋打結」的狀態。

這時候，要先休息一下，然後適當的變換學習科目，幫助大腦重新開機。在溫習功課的時候，可以把數理科目和文史科目交錯安排，或者在長時間的閱讀後，替換為需要動手操作的學習活動。

當天學習、當天複習

當我們能夠掌握大腦運作原理，就能以大腦偏好的學習方式學習，才會事半功倍。前文提到，孩子最好從小就養成每日固定讀書的習慣，在固定的時間開始溫習功課或寫作業。這個時間裡，有一件很重要的任務，就是把當日上課所學，回到家後立即複習。據我所知，只有部分孩子會有「當天學習、當天複習」的習慣，但這卻也是學習基本功之一。

理由很簡單，因為人的遺忘速度非常快。白天學習到的新知識，過不了多久就會快速遺忘。有些科目也許自己閱讀就能明白，但有些科目的內容和觀念複雜難懂，需要透過老師的引導與講解，才有辦法充分理解。如果沒有趁著記憶新鮮時趕緊複習，很快就會遺忘。如果一直到考試之前才拿起來溫習，又要花很多時間重新理解，甚至還不一定能搞得清楚。

當天複習的用意，就是確保吸收與理解的知識能在記憶消退前，轉化到長期記憶中。在複習時，可以遵循以下幾個步驟：

1 大致瀏覽

打開教科書，先快速瀏覽這個章節的大、小標題，對這個單元有個概括了解。同時，透過這些標題當做線索，開始回想各個標題的詳細內容是什麼，以及老師講解了些什麼。

2 精讀細節

接下來，再逐字逐句的閱讀內文，並配合上課抄寫的筆記，以及書本中的圖表，從頭到尾理解一次單元內容。遇到重要及關鍵的地方，可以重複閱讀幾次加深印象，但千萬別花費太多時間進行機械式的背誦。

3 積極回想

每讀完一個段落後，就先合上書本，回想剛才閱讀的內容，最好能用自己的話說一遍該段落的重點，或者邊拿筆寫下關鍵字句。如果覺得哪裡卡卡的，表示還不夠精熟，或者理解得不夠充分；再回到書本裡去把疏漏的部分補起來。

4 演練習題

整個單元都閱讀過之後，就可以開始寫習題或是評量，測驗自己是不是否真的記住了、學會了。如果是數理科目，在充分理解定理與例題之後，一定要老老實實的寫過習題，把解題流程完整的重新寫出來才算數。許多孩子都以為看懂解題流程就等於學會了，實際上常常是一知半解。

在這過程中，積極回想會比反覆閱讀還重要。閱讀的目的是在充分理解書中所述，而積極回想書中內容，才會真的把重要觀念給記住。

大範圍複習的策略

到了月考之前，常常需要進行較大範圍的複習。如果孩子平時有落實「當天學習、當天複習」的功夫，到了月考前，自然能從容應付。

通常大範圍的考試，每個科目會包含好幾個單元，複習的時候可以引導孩子運用以下的高效策略：

1 目錄回想法

翻開書本開始閱讀之前，先翻到目錄頁，從中大致回憶每個單元的內容。教科書的內容安排都有其邏輯，閱讀目錄有助於理解這些邏輯，建立起整體性的知識架構。

透過這個知識架構，再回到內文中去閱讀，逐漸組織起散落在各單元中的概念與知識，找到彼此之間的關聯性。學習者的大腦正在組織起一個龐大且綿密的神經網絡，會更有效率的融會貫通，在考試時，也能更快回想起答案在哪裡。

2 短時多次法

月考前的複習，不能在考試前一天只溫習過一次就算了。可以的話，從考前三天到一週就要逐步安排讀書計畫。時間充裕的話，最好每個考科的每個單元都至少複習過兩次。

第一次複習時，主要是把複雜的觀念弄清楚，把不會的地方搞懂。透過閱讀目錄掌握單元內容中的關聯性，沒有記熟不要緊，也不要在任何單元花太多時間。

第二次複習時，則要積極回想，看著大標題，一一說出內容大要，以核對是否精熟。如果還有時間，就配合演練習題來做自我測驗。

如果時間有限，可以只複習比較重要、常考或容易出錯與混淆的地方就好。或者直接演練習題，再從不會或答錯的題目中，回到教科書中去確認觀念。

3 分段交錯法

許多孩子在複習課業時，常會遇到一個困境，就是「頭尾記得清楚，中間模模糊糊」。這是因為人對於剛開始經歷的事情印象深刻，稱為「初始效應」（Primacy Effect）；對於剛剛發生過的事情也會記憶猶新，稱為「時近效應」（Recency Effect）。

於是，當複習的範圍愈廣、內容愈多時，中段資料就愈長，容易混淆或遺忘的地方就會愈多。克服這個問題的方法之一，就是把溫習的內容分段，再交錯穿插。

例如，過幾天就要月考，某一科目的考試範圍包括六個單元。第一次複習時，通常需要從第一單元到第六單元照著順序溫習，以掌握邏輯順序與前後脈絡。

第二次複習時，你可以嘗試從中間複習起。先複習第三、四單元後，然後練習第五、六單元的習題；接著複習第一、二單元，然後練習第三、四單元的習題；再複習第五、六單元，最後練習第一、二單元的習題。

總之，把複習單元和練習評量的順序分段之後做一點前後次序的調換與穿插，可以增進記憶與學習的效果。

念書卡關時，先暫停一下

回到大腦運作法則，大腦在鑽研或學習新知識時，常有「專注模式」和「發散模式」兩種狀態，若孩子能理解並妥善運用，也可增進學習效果，尤其是遇到難題被卡住時。

當你剛開車上路時，會小心留意路況，並估量如何抵達目的地，以及需要花費多少時間，此刻大腦正處在專注模式，會有意識的思量路況與路程等問題，並且花費心思留意駕駛時的操作步驟。

當你開了一段時間，特別是上了高速公路，就好像進入自動駕駛模式，一切都是這麼駕輕就熟，腦袋裡沒特別想什麼，任憑某些紛亂瑣事浮上心頭，此刻，你處在發散模式中。

專注模式有助於我們有效率的解決當前的問題；但在休閒、娛樂、運動或放鬆時，大腦處在發散模式中，常會意外的靈光乍現，幫助我們突然想通某些觀念、解開某些謎團。

讀書學習時，孩子需要適當的切換專注模式和發散模式，做法有兩種，一種是學習到困難的觀念或解不出來的題目時，提醒孩子先合上書本，離開座位，去做一些與讀書學習很不一樣的事情，像是散步、運動、找人聊天、沖澡，甚至小睡片刻也可以。這樣讓大腦的專注狀態有了喘息的時間，難解的題目進入到發散模式中，等一會兒之後，再回到原來的難題上，常會突然想通。

我每天需要花很多時間寫作，我很早就知道遇到寫作瓶頸時，最好的做法是停下來，去運動一下。當我在慢跑或跳有氧操時，不會這麼集中心力去思考寫作這件事，有趣的是，靈感卻會在這時不經意的迸出。運動後再回來爬格子，往往能文思泉湧、欲罷不能。

當然，孩子考試前，可能不會有太多時間休息放鬆。那麼，另一種切換模式的做法，就是當孩子在學習某個科目卡關時，提醒他先放到一旁，改為學習其他科目，最好是性質迥異的學科。例如孩子解不出數學題目時，不妨拿起歷史課本來讀，這時候他的專注模式在歷史上，而解數學題目這項任務就進入發散模式中。讀一個段落的歷史後，再回過頭來解數學題目，往往就能想出來了。

當然，孩子解不出題目的原因若是基本定理沒弄懂，就得回頭去釐清，否則問題擱再久也無濟於事。

22 讓孩子當老師，學習效果更好

分享本身是快樂的事，分享知識會讓人充滿成就感。為了分享知識，孩子會更努力把不清楚的搞懂，把沒學好的學好，並思考如何表達。鼓勵孩子「教別人」，真的是精進學習的最佳途徑。

讀到這裡，請你把書先蓋著，回想一下上個章節包含了哪些內容，以及有哪些重要的觀念，看看你是否能說出至少三個。

我相信你已經忘掉大半。別擔心，這很正常；然而，當你再回想一次時，你正為自己創造一個再次加深記憶的機會。

請告訴孩子，想要記得牢，多回想幾遍比多閱讀幾遍還要重要。

你可能猛然發現，過去自己學生時代讀書學習的方式都是「誤會一場」。過去，我們不懂得大腦的學習運作原則，因此讀書學習時常事倍功半；現在，我們可以幫助孩子從小掌握這些要領，運用大腦偏好的方式學習。如此，孩子在學習上花費的苦工，才會看見成果，特別是「高投入、低成就」這類的孩子。

自古以來，人類對記憶就充滿好奇，想方設法去探索記憶的真相。也因此，人類發明了很多特別的記憶策略，用在不同的用途上，主要是為了短時間內「記得更多」，同時儲存在大腦中「保留更久」，需要的時候可以更快且更正確的「回想起來」。

常見的記憶策略眾多，讀者若有興趣可以自行去閱讀相關書籍。我們的孩子不需要是記憶冠軍，但若能理解這些記憶策略背後的原理，也可以在讀書學習上展現更高的效率。

運用多重感官，加深學習印象

在記憶策略中，有一種稱為「記憶宮殿」的方法，自古流傳已久，也有很多變化形式。例如你需要記住十樣物品，你可以在家裡找到十個位置，像是衣櫥、書桌、茶几、玄關、廚房等，分別在想像中把這十個物品放到這十個位置上，設法將位置和物品連結起來。如此，你若要回想起這十樣東西，只要浮現家裡的畫面，就可以從這十個位置依序找到十樣物品。

記憶宮殿是需要發揮視覺想像力的一種記憶形式。任何的學習內容，愈能夠視覺化，就會愈容易被記住。所以，許多孩子在國小階段時，會自然用上稱為「照相機記憶法」的方式幫助記憶，也就是閱讀課文後，順道把整個課文頁面用眼睛「拍攝」下來，一頁一頁存進腦海中，考試時就在腦海裡打開書本，調出某一頁的畫面，從裡頭去搜尋答案。

問題是，當要學習的內容愈多，需要記憶的頁數與範圍愈廣時，就會發生「記憶體不足」的現象。所以不能光仰賴照相機記憶這種偏向死記硬背的方式，而是需要將大量課文內容做些整理，轉換成筆記、圖表，化繁為簡後，再來進行圖像記憶，就能記住更多內容。

除了視覺，聽覺在記憶策略上更是扮演重要角色，許多老師會教學生運用口訣來記住某些觀念或步驟。令我印象最深刻的，是背誦八國聯軍：俄國、德國、法國、美國、日本、奧地利、義大利和英國，運用「餓的話，每日熬一鷹」的諧音，就可以輕鬆記住。

還有國中階段會學到的元素週期表，在逐漸了解各元素之間的關係屬性之前，必須先硬背下來。這對很多孩子而言是個挑戰。現在可以在網路上輕易搜尋到一些熱心網友自創的有趣好玩的口訣。

愈小的孩子對事物的理解還不夠，但透過朗朗上口的諧音、口訣或歌謠，都能幫助他把陌生的學習內容給記住。大人不妨和孩子一起發揮創意，看看能否自創一些有趣的口訣，一方面幫助記憶，一方面也增加學習樂趣。

在學習過程中，感受到的愉悅情緒愈強烈，愈有助於把相關學習內容記起來。想一想，容易浮上心頭、歷歷在目的往事，是否都伴隨高度的情緒感受，要不是痛苦、悲傷、驚恐，不然就是開心、驚喜、新奇。我們也可以教孩子在讀書學習中，用有趣好玩的方式理解與記憶知識，自創一些特殊的諧音或口訣幫助背誦，就是個好方法。

另外，你可能聽過一種說法，學習類型分成視覺型、聽覺型或觸（動）覺型。不同類型的學習者，要善用不同的感官優勢方法學習與記憶（見下頁圖表11）。我認為，找到孩子優勢的學習類型固然重要，但也可能就此限制了孩子的可能性。比起偏好透過某種感官來學習，我更鼓勵孩子「多重感官並用」。例如，假如你是視覺優勢的學習者，除了常用圖像化的方式記憶，若能加上聽覺或觸（動）覺等不同感官，在學習上便能如虎添翼。

像是，在練習數學解題時，除了用眼睛看，對解題的流程有個視覺印象，更要用嘴巴說出來，講給自己聽，這就用上了聽覺感官。而更重要的是得動手實際寫出來，「手感」也是一種感官記憶。在說出來或寫出來時，也正運用到積極回想的記憶策略。

對於經歷學習挫敗的孩子，不妨先觀察他屬於哪一種優勢的感官學習型態，若偏向某類型，就鼓勵孩子多使用與該感官有關的學習策略；這勢必會帶來一些小小的成功經驗，建立起成就感。接著，再慢慢讓其他感官參與學習，幫助孩子學得更好。

圖表 11 運用多重感官，加深學習印象

讀書五到

眼到 / 視覺	用眼睛瀏覽教材，試著回想起書本畫面。
口到 / 聽覺	唸出關鍵字詞，或者用自己的話語講述學習內容。
耳到 / 聽覺	用嘴巴說出學習內容，讓自己聽到。
手到 / 觸動覺	用筆抄寫重點，整理筆記，或演算習題。
心到 / 情緒	創造新奇有趣的活動，情緒愈強烈，記憶愈鮮明。

先理解，再記憶

無法理解的事物常是難以記住的。因此，除了多重感官並用幫助學習，孩子得先對學習內容有一定程度的理解，理解本身就能幫助記憶。如此，學習者只需要記得一些關鍵字詞，就能慢慢「撈出」其他的細節內容。

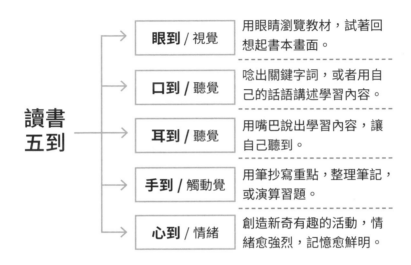

要如何理解新學到的知識呢？

關鍵就在於大腦必須由長期記憶資料庫中，搜尋出已經學習過的舊有知識，並試著將新舊知識整合在一起。所以，學習必須循序漸進，基礎觀念還沒建立穩固，就要學習進階的內容，常常會摸不著頭緒，學習的挫敗感也就發生在這裡。這也就是為什麼反覆抄寫對孩子學習的幫助有限。如果孩子已經充分理解了，適當的抄寫可以幫助他加深印象；但若孩子根本一知半解，一味機械化的反覆抄寫，抄到最後也許就背起來了，但也只是囫圇吞棗。未來若遇到新的觀念或不同變化的題目，仍然會再度卡關。

如果大人又把抄寫當做一種懲罰，孩子的學習經驗中便連結了許多恐懼、厭煩、無力、焦慮的情緒感受；未來只要想起讀書學習或考試，內心便升起負面情緒，在充滿壓力的身心狀態下，大腦是無法發揮正常學習功能的。

當大人發現孩子無法記住所學時，要先確認他是否根本還沒充分理解，或者，卡在某個環節還沒想通。請設法用孩子已經學過的知識講解新知識給他聽，幫助理解。若孩子還是理解困難，很可能之前學過的舊知識也沒學好，這樣就要回到更源頭處扎穩根基。

我們也可以教導孩子，在遇到學不來的新知時，試著回想過去學過的相關知識，或翻閱過去的教材。只要能發現新舊知識之間的關聯，要理解並記住新知識就不難了。

學霸成績優異的祕密，教學相長

我常去中學帶領假日的工作坊，課間休息時，常見到學生利用時間把教科書拿出來閱讀與複習。有一回，我看見幾個同學圍著一個孩子，後頭還排了幾位同學拿著書本在等待。原來，那孩子的成績優異，同學正把握時間向他請益。

我過去湊熱鬧，同學們指著他說：「他是學霸呀！」

我很好奇，找機會私下問他，成績優異的祕訣是什麼？他說：「你不是看到了嗎？」

我不解。他笑著說：「就是教同學嘛！」

我們不難理解「教學相長」這個道理，但要能夠達到教會同學的程度，顯然自己也需要花費不少心思。他是如何做到的呢？

「我其實也沒把握，但教同學時，如果我沒辦法講得很清楚，就會再回去鑽研。所以，教同學功課幫助我學得更好。而且，每對同學講一次，印象就會加深一次，特別是複雜的概念，所以我不太需要額外花太多時間複習。」

居然真有這樣的學生存在，我的下巴都快掉下來了！

最高級的學習策略是教別人

國小時，這樣的場景也曾出現在我身上。當時我的成績不錯，也曾有同學拜託我教他功課。出於熱心，我常常利用下課時間幫同學複習功課，也會出考題給同學作答，再幫忙批改。為了出考題，我開始認真研究測驗卷上的題目，試著從命題者的角度去思考要如何評量學生。這過程收穫最大的，當然是我自己，也難怪後來有機會從事教職。

因此，如果你問我，最高級的學習策略是什麼？我會說：「去教別人！」最簡單的方式，就是把自己學到的知識或概念講解一次給別人聽，這麼做有幾個好處：

1. 講解過後，連帶著自己也複習了一次，印象更深刻了。
2. 要用語言呈現腦袋裡的知識學問時，需要經過再次整理與轉化等高層次的認知歷程；而能夠清楚且完整的講述，表示對這些概念已有足夠的掌握。因此，教別人有助於對知識理解得更清晰。
3. 藉由對方的回饋，會知道自己還有哪些概念是模糊不清的，哪些地方仍存在著盲點；於是，有機會回頭去核對、複習與探究，補強不足之處。

邀請孩子扮演教學者

大人若想幫助孩子學得更精熟，或許可以多加利用「教別人」這項學習策略。在現今的學校裡，早有不少老師透過分組教學，運用同儕間的互助合作，幫助彼此學得更好。

在家裡家長可以怎麼做呢？一直以來，我並不贊成家長對孩子的讀書學習有過多的干涉，例如幫孩子安排讀書進度、幫孩子檢查作業、考前逐題的幫孩子複習等。我認為，應該讓孩子自己學會如何做時間安排、自我測驗與考前準備，遇到疑難時，孩子也需要主動尋求協助，而不是由家長直接告知答案。如此，孩子才能學會對自己的學習負責。

不過，有一件事父母倒可以嘗試看看。考試前，在孩子溫習課業一個段落時，邀請他講述一遍給你聽，也就是由孩子扮演教學者，父母則是學習者，孩子分享學到的知識給父母聽。這麼做時，請家長務必把握幾個原則：

1 表現好奇與尊重

孩子是知識的分享者，家長則是學習者。家長必須帶著好奇與尊重，放下身段，聆聽孩子分享知識。請不要讓孩子覺得這是在考試，更不宜站在評審的角度，打量他是否講得好，也不需要把這過程搞得像演講比賽，讓孩子充滿壓力。

2 勿任意中斷孩子的講述過程

請允許孩子用自己的方式分享所學，同時務必全程聽完孩子的講述後，再做回應。即使他某些概念傳達得含糊不清，或者有錯誤扭曲之處，都先不要打斷。待孩子講完，告一個段落時，再回頭提出疑問或給予回饋。

3 透過「提問」幫助孩子釐清觀念

發現孩子某些概念不清楚或有錯誤，不用急著指出糾正，而是透過提問的方式，引導孩子自己發現問題，或釐清模糊的觀念。如果孩子一時回答不出來，卡住了，則鼓勵他回到書本裡去找答案或者主動求助資源。

教別人是精進學習的最佳途徑

分享本身是快樂的事，分享知識會讓人充滿成就感。為了分享知識，孩子會更努力把不清楚的搞懂，把沒學好的學好，並思考如何表達，額外的收穫就是更受同儕歡迎。

我曾在家裡附近的補習班看到一則宣傳廣告：「來這裡，我們將讓您的孩子，強到沒朋友。」我知道這只是誇張的宣傳手法。然而，我希望孩子在學習路上別真的沒朋友。即使他成績優異，如果不受同儕歡迎，缺乏同儕間的互動、激盪與對話，他也學得不開心。

甚至，未來在職場上，他不懂得與人合作，只顧著獨善其身，不願意分享互助，這樣的人通常在職涯上的成長有限。

很多孩子會以為教會別人就會多一個對手，然而我們要告訴孩子，在成就他人的同時，你也正飛快的成長。現在看起來，是多一個競爭對手，長期而言卻是多一個朋友。

現在，我不再需要為了考試而讀書，但在實務工作上需要回應讀者、聽眾及求助者的各種問題，迫使我必須不間斷的閱讀與學習。為了向大眾清楚傳達某些重要但複雜的概念，我得不斷釐清與整理相關概念之間的關聯，加深對這些概念的理解與體悟。

逐漸的，我對某些議題的掌握能力也提升了。即使到現在，我仍快速成長中！

鼓勵孩子「教別人」，真的是精進學習的最佳途徑。

23 抵擋誘惑，避免分心

因為一個人的意志力是有極限的，而一次也只能做好一件事，所以，營造能夠讓人全然保持專注在課業學習上的讀書環境，是抵擋誘惑與分心的重要步驟。

不少家長發現孩子讀書時，常有容易分心的問題。並不是專注力不足，而是讀書環境中的誘惑與刺激太多。通常會出現以下現象：

▼先花許多時間滑手機、聽音樂、東摸西摸好一會兒才開始讀書，時間平白浪費掉。

▼書沒念多久，就滑一下手機、看一下漫畫、讀一下雜誌、吃一下東西，無法持續專注讀書。

我也發現，很多孩子在家裡讀書寫作業時，旁邊的電視也開著，或父母在一旁聊天、滑手機、追劇、打電動，發出吵雜的聲響，而孩子可能邊看電視、邊寫作業，一份作業寫了好久都寫不完，又因此被大人責罵。

為了幫助孩子能夠專心學習，父母也得有所犧牲。下班回家後，雖然很想看電視、使用3C，放鬆一下，但父母願意關掉電視、放下3C，陪著孩子寫作業，同時拿起書來閱讀，就是最好的身教。

布置與安排理想的讀書環境

一個人的意志力是有極限的，而一次也只能做好一件事，所以，營造能夠讓人全然保持專注在課業學習上的讀書環境，是抵擋誘惑與分心的重要步驟。

父母可以檢視一下，孩子讀書環境的布置與安排，是否有以下常見問題：

- ☒ 沒有固定的讀書地點，經常變換不同的讀書空間，例如客廳、餐廳或廁所。
- ☒ 書房或書桌凌亂，堆放許多與讀書無關的物品，如手機、平板、電視、電腦、電玩器材、食物等。
- ☒ 書房與書桌同時用來讀書與玩樂。
- ☒ 讀書空間吵雜或者常有人進出。

☒與課業有關的文件散落各地，不容易找到。

孩子在上述環境中讀書或寫作業，常無法專注。相對的，理想的讀書學習環境，應該有以下特點：

☑在固定的讀書地點與座位溫習功課。

☑書桌擺設單純乾淨，清除與讀書無關的物品，且不在書房中放置手機、電視或遊樂器材等誘惑物品。

☑書房及書桌只做單一用途，也就是讀書。

☑讀書環境安靜、通風，光線充足。

☑做好檔案管理，將溫習功課所需的教科書、參考書、講義、測驗卷、考卷等資料整理好，分門別類放置在固定的地方，取用時很容易找到。

不過，每個家庭的狀況與條件不同，不容易完全符合上述標準，只要把握大原則，盡可能做到即可。

讀書環境的布置與安排，並非是要為孩子添購上等或昂貴的文具、用品或家具，而是讓讀書環境盡量保持固定、單純，並能遠離誘惑即可。

書房中可以擺設什麼物品呢（見圖表12，頁二七六）？

1. 需要研讀的書籍、作業等
2. 參考書籍
3. 必要文具
4. 簡單的勵志標語（貼在牆上或夾在桌面上）
5. 綠色植物盆栽
6. 時鐘或鬧鐘

做好誘惑管理，眼不見為淨

孩子比較小的時候，父母可以主動為孩子布置安排讀書環境。當孩子漸漸長大，升上國小中年級後，在協助孩子布置安排讀書環境時，宜與孩子一同討論。不妨向孩子提出以下兩個問題，讓孩子試著回答，並主導如何進行讀書環境的布置安排：

1. 在怎麼樣的環境下溫習功課，最能有效專注？
2. 在溫習功課時，有哪些事物最會令你分心？

第一個問題是探討如何在讀書環境中，增加能有助於專心的布置安排；第二個問題，

圖表 12 理想讀書環境示例

則是找出令孩子分心的來源。

過去的孩子，常會因為書房中或書桌上擺有漫畫、雜誌或小說而分心；現在的孩子，最主要的分心來源就是手機、平板等3C產品。尤其是現在孩子愈來愈仰賴數位科技進行學習，在COVID-19疫情期間，甚至在家防疫也需要透過網路視訊設備參與課堂學習。

即使是這樣，在讀書時，仍需要避免3C產品的影響而分心，做好誘惑管理。不論是小學生、中學生甚至大學生，有不少孩子都意識到，自己花了太多時間在瀏覽社群網站或觀賞YouTube影片，一上線就下不來，平白浪費了許多溫習功課的時間。

其實，孩子都知道，大部分的課業不需要用上手機或網路，於是會在心底不斷告訴自己：「不要碰手機」、「不可以玩手機」、「不要上網」……。愈是如此，愈是不爭氣的拿起手機滑了起來。這就是心理學中的「矛盾反彈效應」（Ironic Rebound），當你限制自己不可以做某事，愈是想去做；忍到最後，意志力瓦解，反倒花更多心思在其中。

當你想著「我不可以玩手機」時，腦中想到的是什麼？是手機呀！當然抵抗不了誘惑，更別說手機就在你身旁。想破解矛盾反彈效應，避免受到3C誘惑而分心，最好的做法只有一個，就是力行「眼不見為淨」法則。

只要別看見，就不會想起；就算想起來，很想上網，因為手機不在身邊，或難以取得，只要忍過最初的衝動，接下來欲望就會消退。「眼不見為淨」的具體做法有以下四項：

❶ 讀書環境的視線範圍內不出現3C用品。
❷ 讀書時，3C網路盡量愈難取得愈好。
❸ 大人以身作則，不在孩子讀書時使用3C或看電視，一定要使用也別讓孩子看見。
❹ 營造全家共同閱讀與學習的情境氛圍。

3C及網路的規範與管理

我們雖然會限制孩子在讀書的時間接觸3C產品，甚至把數位裝置移出孩子讀書學習的空間，但不代表就完全禁絕孩子使用3C及網路。

實際上，家長還是得讓孩子有機會上網，否則孩子將跟不上時代潮流。我們需要先為孩子建立一個重要的觀念，就是「3C及網路是工具而不是玩具」，也就是使用3C及網路是為了學習知識、解答疑難，而非只是打發時間、休閒娛樂。

所以，在網路的使用規範上，可以依照孩子使用網路的用途，區分為「學習」以及「娛樂」兩種。

若用網路來學習，例如線上課程、查詢資料、與同儕討論作業報告、在網路上發表作品等，應該給予鼓勵，而實際需要多少時間，就開放多少時間，結束了就停止。實行時，需要掌握以下幾個原則：

- 確認孩子上網時的學習用途，並要孩子預估大約需要使用多久時間。
- 一天上網的總時數不宜過長，但可彈性調整。
- 睡前一個小時不接觸任何3C產品，以免影響睡眠。
- 原則上在家裡的公共空間上網，不將數位裝置帶進私領域。

而若做為娛樂用途，如打電玩、追網紅、看影片、瀏覽社群平台、與同儕傳訊息等，每天可開放一段時間，但必須注意遵守「定時定量」原則。也就是每天在固定的時段，給孩子一定的時間上網做為娛樂用途。實際執行時，也需掌握一些原則：

- 上網時間的時段與長度，需先與孩子約定好；約定後就確實執行，大人不該因孩子哭鬧就退讓。
- 每日上網時間長度，應衡量孩子的年齡及自我控制能力。自我控制能力愈好，開放的時間可以愈長，而所謂自我控制能力，就是「上得去也下得來」的能力。
- 對於孩子上網娛樂用途的內容，只要不是不適齡或內容不當的，可以不加干涉，讓孩子自行決定如何使用這段上網時間。

- 適時提醒孩子留意網路陷阱、詐騙、色情或霸凌等危險。
- 避免拿開放上網娛樂的時間做為學習表現的獎懲物，也就是上網歸上網、學習歸學習，這是兩碼子事。

3C及網路對孩子充滿吸引力，少有人能抵抗誘惑；更不會因為年紀增長就自動懂得如何自我管理。大部分的孩子，一開始都需要父母花點心思，讓孩子在有規範、有紀律的環境中，逐漸培養上得去也下得來的自我控制能力。

目標視覺化，自我激勵

在我讀國小時，父親曾有一段時間邊工作邊進修，每天晚上都要去上高職補校，讀完高職後，又以在職生的身分繼續進修二技。那段時間，我常看到父親利用零碎空檔溫書寫作業。每到學期末，我和哥哥在準備學校考試，父親也在複習功課。

當時，我不明白為什麼父親年屆中年，還要這麼辛苦的工作、學業兩頭燒，幾乎很少時間陪伴孩子。有一天，父親把我帶到他的書桌旁邊，拉出中間的大抽屜，把裡面的文具全部拿出來，我看到抽屜底層還鋪著一張紙，上面寫著：「若要別人看得起自己，就要加倍努力！」

原來，父親年輕時對讀書沒興趣，初中畢業就不再升學。到了職場後，因為學歷低，即使工作績效好，升遷總是沒他的份。父親心有不甘，在母親的支持下，決定重返校園，把學歷給補足。雖然是在職進修，父親的成績不錯，都是班上前幾名。

父親為了激勵自己，也擔心自己忘記初衷，在抽屜裡寫了這麼一段話語，用來提醒自己。那一幕、那段話，我永遠不會忘記。後來，我國三畢業前準備高中聯考時，我也在書桌前的牆面上貼了幾句勵志標語。每當疲憊倦怠或者無法專注時，抬頭便看到那幾句話語，這會幫助我繼續定下心來，專注於溫習功課。

張貼勵志標語對於孩子的學習是否有幫助，見仁見智。還有另一種做法，如果孩子心中有想要進入的目標學校，不妨帶孩子去參訪，並在校門口照張相，把照片放大印出來，貼在書桌前的牆面。讓孩子一抬頭就看見自己的目標，因而激勵自己堅持下去。

這樣的自我激勵策略，稱為「目標視覺化」。除了貼上目標學校的照片，還可以貼上孩子的夢想，例如，進入哪一行、成為什麼樣的人、未來從事什麼工作，父母可以和孩子一起去找相關的圖片印下來，貼在讀書環境中顯眼的地方。

近朱者赤，近墨者黑

我常被家長問到，應該讓孩子參加學校晚自習、去K書中心念書，還是在家讀書比較好？這沒有標準答案，要視孩子的狀況而定。有的孩子在與一群人一起讀書時，比較能讀得下去；有的孩子自己獨自一人比較能專注。以我而言，我喜歡獨自一人溫書，如果旁邊有人在，很容易會受到干擾。因此，現在我身為自由工作者，相當享受獨自在家工作的生活型態，在沒人打擾的狀況下，我可以長時間專注於寫作或備課，效率奇佳！

但是，有的人無法獨自溫書，而喜歡身旁有一群人一同用功。置身在大家都埋頭苦讀的環境中，自然不敢怠惰，比獨自在家讀書效果更好。

家長不妨和孩子一起討論與探索，孩子偏好的讀書型態如何，適合獨自在家溫書，還是與同儕一同讀書。如果是後者，在安全無虞的前提下，不妨就讓孩子到學校、補習班、圖書館或K書中心去自習。

有些孩子會在假日時與一群好友相約讀書，或討論報告。透過同儕互動，一起鑽研、激盪、交流與討論課業，這對學習確實是有助益的。大腦在大量的人際互動中，神經連結的成長速度最快。

不過，要注意的是，孩子究竟是與同儕一同讀書，還是聊天說八卦。如果是後者，不如在家自己讀書。我們可以引導孩子選擇真正能一起專注溫書、討論課業的夥伴。

近朱者赤，近墨者黑，我們常低估自己被他人影響的程度。有時候，我們需要與孩子討論，他身旁的朋友是否總是告訴他：「別念了，讀那麼多有什麼用？」還是常會與他討論課業，提醒他要用功一些。若是前者，要稍微遠離；若是後者，則可以多相處。

你不需要拚命鼓勵孩子，刻意去和全班最會讀書的同學當好朋友，或設法遠離學習落後的同學，而是要提醒孩子，多去接近對學習抱持積極正向態度的同學，行有餘力，也別忘了幫助課業落後的同學。

24 面對大考的重點訣竅

愈是接近大考，愈是要求孩子的作息保持正常且規律。規律的作息是要讓身體不需耗用資源一再適應新的生活型態，而更能騰出能量應付眼前真正重要的任務，這會使讀書學習更加有效率。

雖然讀書學習不只是為了考試，但在現行的教育體制下，考試還是很重要。一方面，考試可以幫助檢核學生對學習內容精熟的程度，另一方面，考試結果常會做為升學或選才的依據。意思就是你學了再多，也得呈現在考試成績上，才能證明自己的學習成果。

因此，我絕對不會對孩子說：「考試成績不重要，有學會就好。」我的說法是：「考試成績確實很重要，但是否真正學會，更重要！」相信你能區分兩種說法的差異。

另外，我們常用考試結果來評量孩子的學習成就，所以孩子學習上的自我效能也常建立在考試成績或班級排名上。而孩子的考試成績，也常影響孩子與同儕的相處以及如何被老師看待，這些都會回過頭來影響孩子的自我價值。

因此，如何將平常所學轉換成試卷上的分數，也是讀書學習中重要的一環。

有效提高得分的應考策略

我們先從應考時的答題技巧來談起。目前教育體制下的考試，通常是以紙筆測驗為主，不但考學生答題的正確度，也考速度，必須在有限的時間內盡可能答對更多的題目，這對許多孩子而言充滿壓力。面對這類型的考試，有效的應考策略包括：

1 快速瀏覽

考卷發下來時，快速的將試卷看過一次。留意考卷頁數、考題題型、題數、作答規定、計分方式，以及是否有特殊題目（如作文）等。

2 考題分類

依照難易程度，將考題分為「會寫」、「會寫但有點複雜」與「不會寫」三類，並在考題前做不同記號。一般的作答順序依次為：會寫↓會寫但有點複雜↓不會寫。也就是，從有把握的題目開始作答，好處是不會浪費時間在困難的題目上，確保會寫的題目都能得分。而一開始就寫簡單的題目，會為自己注入強心針，更有信心面對接下來的考題。

3 留意線索

還記得前文〈21 強化理解與記憶〉「念書卡關時，先暫停一下」（頁二五九）嗎？也可以在作答一開始，先快速看一下困難的題目，但不要花太多時間，讓題目在腦袋裡飛一會兒，進入發散模式。作答其他題目時，順道留意整份考題中，是否有些可能的答案線索。

4 預留時間

有時候，孩子考不好，不是因為不會寫，而是粗心大意，沒遵照指示作答、看錯題目或題意理解錯誤。所以最好預留約十分鐘，回頭檢查是否有漏答題目、作答方式是否正確、答案卡畫記是否確實。

5 調整狀態

告訴孩子，考試中因緊張焦慮而無法繼續作答時，閉上眼睛深呼吸，讓自己的心靜下來，待注意力再度集中時，再繼續作答。也可參考〈15 內心安定的孩子，學得更好〉「與焦慮共處，調控情緒」（頁一八四）的自我安頓技巧。

考前準備策略

當然，考試之前如果都不做複習或準備，即使應考技巧再好也沒用。而許多重視孩子課業學習的家長，會在考試之前幫孩子進行考前複習，將考試範圍內的內容，讓孩子再熟悉一遍。

然而，更好的做法是和孩子討論該如何準備接下來的考試，並適時提醒孩子一些注意事項，而非直接代替孩子複習，或扮演起學校老師的角色把考試內容再教孩子一遍。否則，孩子永遠學不會如何因應考試，也無法為自己的考試負責。

隨著孩子成長，學習內容只會愈難，當家長的能教到何時？及早讓孩子養成自己做好考前複習與準備的功夫才是上策。我們可以讓孩子知道考試前的準備工作，包括：

❶ 考試前，徹底了解考試相關訊息，包括：考科、日期與時間、作答時間、命題範圍、題型、計分方式等。如果有不清楚之處，就要向老師或同儕詢問。

❷ 擬定考前溫習計畫，相關的細節請參見前文〈19 想要主動學習，先學做讀書計畫〉

（頁二二五）的內容。

3. 國中、高中階段，有時候考前準備時間有限，就應考慮將較多心力與時間花在：
- 複習配分比例重的科目或內容。
- 複習難度高或不擅長的科目或內容。
- 複習常出現、常考或熱門命題重點處。
- 複習投資報酬率較高的科目或內容。也就是，將心思投入在只要有溫習分數就會大幅提高的科目上，以提高考試總分。

4. 運用〈21 強化理解與記憶〉中「大範圍複習的策略」（頁二五六）的內容，兼採目錄回想法、短時多次法及分段交錯法的複習方式準備考試。

5. 預測命題重點，包括：
- 老師上課時一再強調的重點。
- 評量、測驗卷或考古題中一再出現的概念。
- 作業或評量中，經常出錯的題目。
- 教材中時常混淆的概念或內容。
- 教材中的標題、粗體字、圖表或注釋。

● 自己始終沒搞懂的部分。

其中，孩子始終沒有搞懂的觀念或題目，也常是考試範圍中較為困難或複雜的部分，通常為考試命題的重點。我們需要提醒孩子，勿心存僥倖，應確實弄懂。

最後，在面對大型考試時，多以重要概念為命題核心，準備時避免花太多時間讀太細的枝微末節。如果時間有限，要複習的內容又多時，不妨從考古題或評量開始做起，再回到課文中去讀細節。但不能只是做題目，確認過正確答案就算了，這樣充其量只是將題目與答案背起來，相關概念仍然是一知半解，題目稍有變化一樣答不出來。

學習倦怠檢核

在〈06 關心成績優異的孩子〉（頁八〇）我們曾談到大型考試前常見的讀書困境，也就是學習倦怠，這特別會發生在成績優異或本來就十分用功的孩子身上。根據我和青少年互動的經驗，在大考之前出現彈性疲乏狀況的孩子還不少，包括我自己都曾遇過。

當你發現孩子在大考前看起來欲振乏力時，不妨透過下頁我所設計的圖表13「學習倦怠檢核表」，與孩子一起評估與討論是否出現學習倦怠的情形。

圖表 13 學習倦怠檢核表

孩子在大考之前，是否時常出現以下情形？若符合愈多項描述，表示孩子可能出現學習倦怠的現象，大人應多加鼓勵、陪伴與支持，甚至尋求專業協助。

□	1 與過去相比，愈來愈難以在上課或念書時保持專注。
□	2 和過去比起來，較難以理解或記住書中內容。
□	3 讀書時，常感到疲憊、精神不集中、呵欠連連。
□	4 想起即將來臨的考試，就感到焦慮、不安、惶恐與無力。
□	5 時常覺得其他同學正在急起直追，自己卻在原地踏步。
□	6 時常出現「我一定會考砸」的念頭。
□	7 常因為讀不下書而感到懊惱、自責，對自己生氣。
□	8 常在「繼續努力」與「放棄努力」間猶豫掙扎。
□	9 和過去相比，考試或作業成績表現有明顯的下滑。
□	10 胃口不好或睡眠品質不佳。

曾有孩子在大學入學考試前一個月來找我，他愈到考前，複習的狀況愈是每況愈下。他的課業成績一向名列前茅，師長無不對他信心滿滿，認為考上頂尖大學已經是他的囊中物，他對自己也有很高的期許，早已設定好理想的目標校系。

「我實在不知道自己怎麼了，成績愈來愈糟。半年前，模擬考還在校排前二十名，後來退到五十名，最近一次連前一百名都排不上了！」他雙手握拳、神色凝重，說著說著便哭了出來。

我試著同理他的無力與挫折，問他：「告訴我，最近你生活及溫習功課的狀況如何？」他說，從模擬考成績退步後，每天便花更多時間讀書，卻發現自己難以保持專注，複習每科需要耗費更長的時間，同時很容易忘記，或難以回想起明明記熟的書本內容。每天上床就寢都是深夜了，睡眠品質卻不佳，入睡困難又惡夢連連，早上起床總感覺沒睡飽。白天上課或讀書時常精神不濟，呵欠連連，不管平日在學校或假日在家時，都是如此。

「現在讀起書來像是鬼打牆，我究竟是怎麼了？」他泣訴著。

當人們長期處在高度緊繃狀態中，鮮少有機會放鬆或喘口氣時，久了就會像橡皮筋被過度使用一般，失去了彈性。當我們上緊發條對課業全力衝刺時，身心狀態是高度緊繃的；身體動員了全身的資源在大腦的運作上，讓我們在課業上能有傑出的表現。

只是，時間久了，身體自然會抗議。於是我們會突然感到無力，讀書不再有勁，難以專注、昏昏欲睡、欲振乏力，這是因為身體試圖透過這種方式從長期疲勞的狀態中恢復。

而當我們發現自己不再能像之前那般精力充沛的讀書時，在求好心切下，內心便感焦躁不安，再加上大考將至，時間壓力更使人氣急敗壞。

於是我們試著動員更多身體能量投入課業上，無奈大腦就是不聽使喚，換來的卻是一連串的身心失調，如失眠、精神渙散、情緒起伏不定、無法專注等。

維持平衡穩定的身心狀態

事實上，經過好幾個月的準備，在大考將至的前幾週，最重要的已不是還能念多少書、記住多少書本內容，畢竟這應該是長期累積的過程。真正重要的，是維持一個平衡且穩定的身心狀態，如此才能在考場中將過去所學正常發揮，狀態好的時候，甚至還能有跌破眾人眼鏡的突出表現。

若大考之前孩子出現學習倦怠，家長究竟可以做什麼來幫助孩子調整並維持在一個平衡與穩定的身心狀態中呢？

1 讓心態歸零

提醒孩子，不論過去大小考試或模擬考成績表現如何，都已經過去了。考試成績漸入佳境，自然可喜可賀；成績不如預期，也不代表大考注定會失敗。讓這些分數留在過去吧！當前真正的目標，就是大考。

2 規律作息

愈是接近大考，愈是要求孩子的作息保持正常且規律。在固定的時間上床睡覺，在固定的時間起床，堅持不熬夜，每日睡飽八小時，午飯後小憩二十分鐘。規律的作息是要讓身體不需耗用資源一再適應新的生活型態，而更能騰出能量應付眼前真正重要的任務，這會使讀書學習更加有效率。

3 定時運動

如果孩子一直覺得讀不完、記不住，就鼓勵孩子去運動吧！運動可以調節自律神經，使身心平衡穩定。運動後大腦分泌的腦內啡，會令人心情愉悅，幫助放鬆心情，同時擁有成就感。過去我準備研究所考試的時候，每到下午四點，便會強迫自己放下書本，走出圖書館到學校後山健行一圈，大約花費一個小時，這使我晚上的讀書效率提高不少。

4 擬定考前複習計畫

其實，求好心切的孩子，早已做好考前讀書計畫了。

家長需要提醒孩子，別把各科複習的時間排得太緊湊，多留點彈性時間。相臨時段安排不同性質的科目，以讓大腦有時間抽換情境，這往往能激發思考，並提高專注力。

5 捨棄旁枝末節

許多人愈到大考前，愈感到自己沒念熟，便想把書本裡的所有內容全都塞進腦袋裡。事實上，愈是大型的考試，瑣碎的細節根本不會出現在考題中。反而該把時間花在還沒有完全釐清的大概念上，尤其是過去寫評量或考古題時，一再出現但又一再犯錯的觀念，那正是很容易出現的題目。

6 穩定情緒的儀式化行為

帶著孩子練習幾個能穩定情緒狀態的技巧，當感到焦躁不安，或考試期間心神不寧時，可以派得上用場。相關的情緒安頓技巧，在〈15 內心安定的孩子，學得更好〉（頁一七七）也有提到。

當然，也可以鼓勵孩子去與學校輔導老師聊聊，他們會樂意與孩子分享一些方法；透過談話，也能幫助孩子梳理內心的煩惱，感受到被理解與被支持。

7 擁抱自己的無力感

即使孩子努力做到了上述幾點，內心的無力感仍然會突然間鋪天蓋地襲來。請讓孩子知道，任何情緒感受都是一份訊號，用來提醒我們問題發生或是危機來臨了，我們要做點事情，讓情況獲得控制、身心恢復平衡，因此焦躁或無力的情緒，很需要被我們看到，如此而已。

當孩子慌亂焦慮時，陪在孩子身邊，引導孩子試著靜下來，把注意力放到內在，注意那份無力感出現在身體的哪個部位，同時對著它說：「我覺得很無力，我感受到你的存在了，謝謝你用這種方式提醒我，而我也看到你了。我會適時的讓自己休息與放鬆，更加愛惜我的身體。現在，我請求你能夠支持我，帶給我專注與清晰的狀態，謝謝你！」

引導孩子用手觸碰著那無力感出現的部位，同時想像著自己透過手，向無力的情緒感受傳遞出愛與溫暖，慢慢的融化那份不舒服的感覺。

8 相信自己的步調

要保持平衡與穩定的身心狀態，孩子需要有自己的複習步調。孩子難免會受到師長或同學的影響，懷疑自己此刻的做法是否合適。請幫助孩子相信，這世界上沒有兩個人是一樣的，沒有一體適用的做法，只有最適合自己的策略。堅持以自己的步調往前行，穩紮穩打直到完成考試。

父母安頓好自己，孩子才有安全感

學生應付重大考試與運動員準備上場比賽是很類似的。

運動員日以繼夜的苦練，就是為了在重要賽事中一鳴驚人。有經驗的運動員絕不會在每次練習時都拚了老命，用盡全力，而是有計畫的逐漸強化自己的技能與體力，並且在即將上場前，設法讓自己維持在顛峰狀態。

許多運動員在職業生涯低潮時，往往不是技能退化或不如人，而是突然間找不回昔日好身手。換句話說，是當時的狀態不好。因此，身心狀態決定了一個已經有充分準備的人的表現；甚至準備不足者，也可能因為調整到穩定的狀態而異軍突起，成為黑馬。

當孩子遇上學習倦怠、彈性疲乏之時，當父母的也可能焦慮萬分。我們要孩子相信自己的步調，那麼，我們願意相信孩子嗎？我們願意在孩子兵慌馬亂時，仍全然的接納孩子此刻的狀態嗎？說真的，這確實不容易！但是，如果父母沒能先安頓好自己，便沒辦法讓孩子有安全感，更不可能覺得被支持與被接納。而孩子已經夠焦慮不安、自責懊惱了，又看到父母那無奈嘆息的表情，恐怕只會感到更加無力。或許，這時候，真正需要調整心態的，是我們當父母的吧！

PART 4

培養孩子熱愛學習

25 回家作業寫不完，怎麼辦？

當孩子無法完成作業或考試成績屢次在班上墊底，難免不斷遭受師長指責，因而逐漸喪失學習信心。這時，父母要做孩子背後強大的後盾，牢牢接住孩子的難過，力挺孩子的努力與付出。

前一陣子，太太問我：「如果女兒上國中後，每天回家作業都寫不完，該怎麼辦？」

「每天嗎？」我問。

「對！幾乎每天。」

「當然是先看看問題出在哪裡呀！是太難不會寫，還是寫作業時拖拖拉拉，或時間管理不佳？」我搬出自己擅長的學習輔導那套論點，來回答太太的問題。

「我的意思是，也許是老師作業出太多，或孩子的資質沒那麼好，已經很努力了，但仍然寫到三更半夜無法完成，那怎麼辦？」

太太在學校擔任老師，也許看過不少這類很努力但卻無法完成作業的孩子。我直覺回答：「如果偶爾如此還好，但若是經常性的，而且很多同學也都是如此，就要問老師為什麼要出這麼多作業？龐大的作業量對孩子的學習真的有效果嗎？」

「可是現在不少老師都認為應該要出作業讓孩子大量練習，孩子回家才願意複習功課呀！」太太說。

「這是對孩子自我管理能力的不信任！當孩子的課餘時間被作業填滿了，只能被動讀書，當然無法養成不了自主學習的習慣。」我說。

就如前文〈04 拒絕懲罰性抄寫〉（頁五九）談到的，我一直對過多作業與過度練習的教學方式感到不以為然，懲罰性抄寫常是讓孩子走向放棄學習的開始。

「可是，學校老師也很為難呀！一個班級裡有的學生程度好，又認真；有更多的學生程度落後，又被動懶散，只好出作業讓學生大量練習。但不可能有些學生的作業多，有些學生的作業少吧？」

太太想和我繼續討論，我揮揮手：「那就讓女兒轉班或轉學好了！」

那天晚上我在淋浴時，腦中不斷盤繞著與太太的對話，心底一直浮現一個聲音：「能轉到哪裡？」

轉換環境就能解決問題嗎？

如果這樣的狀況在現行體制內普遍發生，那能轉到哪裡？

洗完澡走出浴室，還來不及把頭髮擦乾，我就急著對太太說：「剛剛的問題，我有新的想法了。」顧不得太太驚訝的眼神，我開口便說：「我會陪孩子一同面對作業無法完成的無力與挫敗！如果作業真的就是這麼多，如果孩子真的也用盡全力了，那就引導孩子面對這個現實吧！」

轉換環境、要求老師改變教學措施、檢討孩子的作業執行狀況，這些都是在試圖解決問題，也就是設法移除問題，回到問題沒發生前的狀態。然而，比解決問題更重要的是「因應問題」；也就是思考如何在接受現況暫時無法改變的前提下且戰且走，而不失去繼續前進的勇氣。這需要大人在一旁堅定的支持與陪伴。

五大言行，扼殺孩子學習欲望

該如何堅定支持與陪伴呢？我們先來談談哪些是錯誤的陪伴，這麼做可能澆熄孩子的學習熱情，並開始厭惡學習。

大部分的家長都是求好心切的，特別是在孩子的課業學習上，有時候會因為過多的焦慮，而妨礙孩子養成主動學習的習慣。我們不妨自我檢視，在陪伴孩子讀書學習或寫作業的過程中，是否常有以下五種言行：

1 過度干涉

小從平日作業、大到考前複習，家長一手包辦，無不參與。如此，孩子根本無法學到如何自行解決學習問題，不懂得如何擬定讀書計畫，也無法透過一再嘗試來評估或改進自己的學習策略。甚至，長期養成依賴父母的習慣，心想反正讀書學習的事情，爸媽會安排。

2 緊迫盯人

孩子寫作業或讀書時，家長在一旁緊盯孩子的一舉一動，頻頻催促，反覆叮嚀，營造出嚴肅高壓的讀書氛圍，於是孩子每天讀書時總是充滿焦慮。生活中的話題永遠圍繞在課業：「作業寫了沒？」「考試得幾分？」「月考有沒有進步？」讓孩子毫無喘息空間。

3 批評指責

家長陪伴孩子讀書時，頻頻找孩子的缺點，指出孩子錯誤的地方，或者不夠努力之處，讓孩子很受傷，當孩子有進步或表現良好時，卻沒有適時稱讚，或視為理所當然。甚至，有的家長還會把孩子錯誤的答案或寫得不夠好的地方全擦掉，要求孩子改正到家長滿意為止。一方面令孩子感到灰心挫敗，另一方面學校老師也沒辦法知道孩子學習的問題究竟在哪裡，而給予孩子適當的協助。

4 頻繁打擾

不管是問候關懷或者監督指導，家長不顧孩子此刻的身心狀態頻頻打斷孩子專注投入，沒讓孩子有足夠的時間醞釀心流發生。其實，如果父母要陪伴或監督孩子讀書，只要觀察孩子能靜下來專注讀書就好，父母大可安靜的在一旁做自己的事，不需要時時刻刻將焦點放在孩子身上。甚至默默離開，偶爾再回書房看一下，或溫書結束時再回到孩子身邊，簡單檢查一下作業即可。

5 標準不一

家長有時嚴格要求孩子讀書，有時則允許孩子拖延甚至不讀書，完全視家長自己的心情狀態來規範孩子卻不自知。大致說來，孩子小的時候應該嚴格規範，堅持做到，盡可能讓孩子的生活與學習結構化；當孩子漸漸長大後，則應信任放手，讓孩子自行安排與規劃自己的學習任務。

陪伴孩子的無力，力挺孩子的努力

如果你常忍不住做出上述五點，可能要先自我控制。有時候，也得問問自己，這麼做對孩子的學習是否真的有幫助，還是只是在安撫自己內心的焦慮。

回到剛才的問題，當孩子時常無法完成回家作業，該如何陪伴與支持孩子去面對這樣的挑戰呢？我告訴太太：「我會同理孩子的無力，試圖理解她的挫折，同時讓她知道，比起作業是否完成，我更重視的是身體健康，所以時間到了就該去睡覺。另外，比起作業是否完成，我更重視的是孩子是否盡力了，以及是否學會了一些東西。」

可想而知，孩子一定會這麼說：「可是作業沒有完成，明天老師會罵人，怎麼辦？」

那麼，我會這麼回應：「我知道被老師罵很丟臉，讓你很擔心。但這表示老師對你是有期待的，而你會擔心代表你對自己也是有著期待。我們當然不要放棄對自己的期待；更重要的是自己學會了多少。」

當孩子無法完成作業或考試成績屢次在班上墊底，難免不斷遭受師長指責，因而逐漸喪失學習信心。這時，父母要做孩子背後強大的後盾，不是去指責孩子，而是牢牢接住他，力挺孩子的努力與付出。

允許自己可以做不到

你也許會問，怎麼知道孩子真的盡力了？這其實不難觀察。你可以看看孩子是不是為了完成作業，花費比平常更多的時間；或縮短休息時間，只為了爭取更多完成作業的時間，甚至嘗試用不同的策略來加快完成作業的速度。

會允許孩子在已經盡力的前提下沒完成作業，是因為我知道孩子的人生路上，將遇到比作業寫不完還要更複雜的難題。他需要學習的是，一方面繼續保有對自己的要求，但也清楚自己的極限，懂得放過自己，做出就長遠而言最明智的抉擇。

所以，如果孩子能把作業完成，我會肯定孩子的效率與自我管理的能力；如果孩子沒能完成作業就上床去睡覺，我會肯定孩子懂得照顧自己，把健康擺優先；而如果孩子時常無法完成作業，但每天回到家仍願意翻開作業，我會肯定孩子那份永不放棄的心態。

也有許多家長問我，當孩子作業寫到很晚，仍然無法完成時，該怎麼辦？標準做法當然是先和孩子一起規劃時間、減少拖延、善用有效的學習策略，增加效率。但即使如此，仍然有可能還是無法達成，這時我們該思考的，是如何不要讓孩子陷入「我就是學不會」的無助狀態。而父母的陪伴、引導與支持，永遠是關鍵！

在此同時，我們也需要與老師協調溝通。如果老師反映孩子的功課沒寫完，那麼就如實的告訴老師：「孩子已經盡力了，因為時間太晚，我要他先去就寢。」並與老師討論作業量，或者請老師指導孩子，如何提高完成作業的效率。

完美與完成，要學會取捨

有一次我到一所知名高中演講，學校老師們告訴我，新課綱實施後，因為各科都需要上傳學習歷程檔案，為了讓學生能呈現豐富的學習成果，各科老師都別出心裁的指派各種作業，顯示老師們的用心，然而，卻造成學生疲於應付各科作業要求，不但學習的課業量沒有減少，作業負擔更大大加重，弄得怨聲載道。

有些孩子很有心，希望把每個科目的作業都做得盡善盡美。但是，當時間不足、心力有限，就是無法面面俱到時；這也是個大好機會，引導孩子們思索如何取捨，根據生涯興趣與目標校系，選擇把某些重點科目的作業做好，而其他的，能應付交差就好。

我把這個問題丟回給現場的老師們：「所以，你願意允許孩子不夠用心在完成你任教科目的作業嗎？就算他們很清楚自己為什麼要這麼做？」

當魚與熊掌不可兼得時，該怎麼辦？這包括當孩子作業量大又寫得慢時，到底該要求孩子先全部完成，但品質不佳沒關係？還是要求孩子把每一題好好作答，沒有全部寫完沒關係？這本身沒有標準答案，但你需要與孩子討論，聽聽他的想法，也引導孩子看見每個選擇之後可能需要承擔的後果。

學習取捨，將是孩子這輩子需要學習的功課之一；而這道功課，可能得先從大人自己先做起。

26 幫助孩子從小愛上閱讀

如果家長熱愛閱讀，喜歡學習，孩子自然會拿起書來看。孩子小的時候，需要親子「共讀」；孩子慢慢長大，你可以在一旁「陪讀」；再大一點，孩子便可以獨立閱讀，甚至從閱讀中自學！

我曾受《聯合報》邀稿寫了一篇〈升國中該準備的事〉（刊於二〇二二年七月十一日「好讀周報」），提到五個上國中前應該逐步養成的習慣。分別是：

1. 建立定時讀書的習慣。
2. 練習閱讀與理解長文。
3. 要懂團隊合作與求助。
4. 視失敗為成功的契機。
5. 積極探索興趣與方向。

〈升國中該準備的事〉全文

這篇文章回響相當熱烈，被分享到不少中小學的粉絲專頁，不約而同的強調第二點「練習閱讀與理解長文」的重要性。由此可知，閱讀理解能力在國中階段格外被看重。另外，教育現場的老師們普遍發現，國中學生的閱讀能力有待改善，特別是較長的文章，往往沒耐心讀完，或者讀完了並沒有讀懂。

另一方面，現在的學校教育強調素養導向的教學，也就是盡可能將學科知識融入生活情境中。在命題上，也採用與過往不同的素養型考題來評鑑學生的學習成效。為了考核學生活用知識的能力，題目敘述往往很長，常以圖表及文字併陳的方式呈現，甚至一道考題之中就結合了多個學科的知識。

大概從國小高年級開始，這類考題就會愈來愈常見。有經驗的老師會發現，這類考題考的不只是孩子將學科知識融會貫通的程度，還考驗孩子的閱讀理解能力，也就是正確答題的關鍵在於是否能讀懂題目、掌握題意。

問題是，現在的孩子生長在數位時代，生活中常透過網路接收訊息，內容多半零碎、片段。網路內容為了吸睛，多半以影像呈現，時間短、刺激強，但內容淺碟。於是，對於需要花較長時間耐心閱讀的文字訊息，孩子便覺得「很無聊」。不是耐不住性子讀，不然就是讀完了卻沒讀懂。也難怪教育現場的老師們大聲疾呼閱讀理解的重要性；並透過教學創新，幫助孩子有系統的改善閱讀理解能力。

從小培養閱讀習慣

試想，一個孩子每天上課用心聽講，回到家認真複習，把教材內容讀精熟，但卻在考試時，因為看不懂或誤解題意，而無法正確作答，這是多麼令人挫敗的事情呀！

在本書第三章提到，我高中時有許多同學可以很快的記住書本內容，其實是因為他們有廣博的背景知識，大腦中的神經網絡連結綿密且強韌，可以快速理解新知，分門別類儲存訊息，需要時容易提取。

而那些廣博的背景知識是從哪來的？就是從大量閱讀來的。我遇過許多學霸同學，他們平時都熱愛閱讀。同時還有一個特徵，就是閱讀主題不設限，範圍從文學、小說、科學、人文到商管等，大量閱讀幫助他們建構起一張又一張知識網絡，不論思考或記憶，都能比別人迅速且有效率。

我也見過許多人，學生時代功課不好，也對課業學習不感興趣。但因為一直有著閱讀習慣，且對各種主題都願意涉獵；長大之後，便透過自學逐漸成為某領域的專家。他們沒有正統學歷，常常是半路出家，但他們告訴我：「閱讀翻轉了我的人生！」

現在有愈來愈多學校都在推廣閱讀，也有愈來愈多老師在教學上強調閱讀素養。學校老師很努力，那麼家長又可以做些什麼呢？答案就是，從小培養孩子的閱讀習慣。

培養閱讀習慣，從享受閱讀開始

在孩子獨立閱讀之前，得先有「親子共讀」。親子共讀不是父母和孩子同處一室，但你讀你的，我讀我的，而是父母帶著孩子一起閱讀。最簡單的形式，就是父母唸故事書或繪本給孩子聽，從孩子很小的時候就可以開始。

與幼兒親子共讀，重點並不是要孩子學習到什麼知識。然而，在親子共讀中，可以增進親子情感交流、促進口語表達、練習指認具體事物，從故事情節中理解因果關係，發展換位思考的能力。有時候，就僅僅是看看插畫或一些簡單文字，就能引發共鳴，安撫孩子生活中的緊張、不安、恐懼、無力或挫敗。

也因為如此，孩子會願意接觸書本、喜愛書本，為閱讀奠定良好的基礎。接著，我們就能循序漸進的幫助孩子養成閱讀習慣。這必須從感受閱讀樂趣開始，絕非一蹴可幾。基本上，可以遵循以下幾個原則：

1 營造大量閱讀的環境

你的家裡不需要藏書豐富，但至少能為孩子準備一些適合他年齡階段閱讀的書籍，放在方便拿取的地方。學齡前的幼兒，基本上以繪本為主；上了國小識字之後，就可以開始讓孩子接觸字數稍多、但也搭配許多插畫篇幅的橋梁書；慢慢到了國小高年級以後，就以純文字的書籍為主。

能夠從小親子共讀最好，若難以做到，至少大人也要以身作則；關掉電視、放下手機，拿起書來閱讀。愈小的孩子，愈會對父母手上正在做的事情感興趣，也會加以模仿。

假日，不妨帶孩子去逛逛書店或社區圖書館，讓孩子自由挑選自己喜歡的書籍閱讀。你也可以給孩子買書或借書的「額度」上限，讓孩子思索，如果只能帶幾本書回家，要挑選什麼樣的書。

2 依孩子的興趣挑選適合的讀物

許多孩子到了國小中、高年級仍不愛閱讀，或排斥字數較多的讀物。那麼不妨觀察孩子平常對什麼議題有興趣，再推薦他閱讀相關書籍。例如，喜歡運動的孩子，可以推薦他閱讀運動員傳記；喜歡追網紅，可以推薦他閱讀關於網紅養成或社群經營的書籍。

在我國小高年級時，有一位同學課業成績不佳，平時除了漫畫，什麼都不讀，只喜歡打電玩遊戲。有一次，我從圖書館借了一本《三國演義》回來，裡頭有著密密麻麻的文字，竟被他借去讀完了。因為他那時正熱中一款電玩遊戲，就是以三國人物為故事背景。

3 逐漸擴充閱讀廣度

孩子一旦開始閱讀，就要小心呵護閱讀欲望，千萬不可操之過急。孩子若無法一口氣讀完，就分段來讀；讀不下去了，就換本書讀。最重要的是設法讓閱讀與開心、愉悅、有趣等正向情緒連結在一起。

從孩子感興趣的主題開始，再慢慢擴及其他相關主題。例如，我女兒有一陣子很喜歡火車，只要與火車有關的繪本，她都會一讀再讀。後來，我引導她去注意汽車、飛機、船等其他交通工具，走在路上也特別要她去觀察，和火車長得很像的，還有高鐵、捷運等。而她在閱讀時，就不只對火車感興趣了。

4 與孩子討論閱讀內容

有的孩子願意閱讀，但卻流於「飆書」。也就是，課外書一本接著一本讀，速度飛快，也每個字確實讀過了；但讀完後，很快就忘記，或說不出書中內容。

為了幫助孩子的閱讀可以更細緻，進而培養出深度閱讀的能力，父母不妨從小與孩子共讀時，透過引導式的提問，幫助孩子有意識的思考書中內容。常見的提問方式包括：「書中有哪些主角？」「他們發生了什麼事情？」「他們遇到哪些困難？」「最後結果如何？」「他們為什麼要這樣做？」「如果你是他，你還會想怎樣做？」

還有一種做法，是和孩子一起編故事。讀完了一本故事書或繪本後，和孩子一起構思接下來的情節還可以如何開展。

如此，孩子不只是閱讀，更是深度閱讀。

別壞了孩子閱讀的胃口

因為有從小親子共讀的習慣，現在我女兒四歲，無聊時就會去書櫃裡找幾本繪本，拿來要我唸。如果我們正在忙沒空陪她，她也會自己翻書，邊看著圖，邊說故事；或者把我們說過的故事情節，用自己的話語表達出來。雖然口齒不清、語無倫次，但可以觀察到她的語言與認知能力逐漸增長中。我希望，書本能成為孩子一輩子的朋友。

我自己生長在一個沒有數位科技誘惑的時代，從小就愛閱讀。愛閱讀的原因不是沒有3C及網路的誘惑（不然我那年代的所有人，都應該熱愛閱讀才是），而是從小就領略到閱讀的美好。一是從書中獲得新知的喜悅，另一是閱讀本身就是很享受的事。

國小時，每到週末或寒暑假，我會和鄰居玩伴去社區裡的圖書館借書，一個人可以借四本回去，隔天再拿回去還。說真的，一個晚上真的看不完四本書，但能夠翻開書，徜徉在字裡行間，聞著書裡散發出的特殊氣息（真的是書香），很是開心！

父母鼓勵我上圖書館，但是從不干涉我看什麼書。有一陣子我沉迷偵探小說，他們也不反對；有時我會借漫畫，他們也沒說什麼。偶爾，我會重複借閱同一本書好幾次，看過再看，他們並不知道。反倒是他們為我從小買的套書一直擺在家中書架上，我興趣缺缺。

顏安秀老師在《家庭裡的素養課》一書提到，如果家長有心讓孩子喜愛閱讀，但孩子偏偏討厭閱讀，可以想想，是否不小心踩到了五個地雷：

❶孤單：不要讓孩子覺得全家只有自己一個人在閱讀。

❷設限：不要指定書籍與範圍而剝奪了孩子的閱讀自由。

❸績效：不需要給孩子設定閱讀目標，破壞孩子閱讀的興致。

❹比較：不要和別人比較與催促閱讀進度。

❺干涉：不讓孩子養成依賴，適時的放手，讓孩子自己閱讀。

如果家長熱愛閱讀，喜歡學習，孩子自然會拿起書來看，這便是以身作則。甚至，在你讀完一本書之後，可以用誇張又激動的口吻說：「天呀！這本書也太好看了，你一定不能錯過！」孩子自然深受吸引，也會拿起來翻一下，說不定就這麼上鉤了！

孩子小的時候，需要親子「共讀」；孩子慢慢長大，你可以在一旁「陪讀」，適時給予指導，引導討論，啟發思考；再大一點，孩子便可以獨立閱讀，甚至從閱讀中自學，這是最理想不過的了！

只是到了國小高年級，甚至國中，課業愈重、作業更多，孩子的閒暇時光相對減少，如何引導孩子分配時間進行課外閱讀呢？說真的，時間愈少，愈要閱讀。因為當孩子的閱讀能力愈強，閱讀理解速度愈快，愈能應付篇幅較長的課文內容或試卷考題，有助於提升課業學習的效率。因此，即使再忙，仍不能偏廢閱讀。

一般而言，當然是先把學校指派的作業完成、確實預習與複習學習進度，若有餘力，再閱讀課外書籍。每天不求多，花個十分鐘，讀個幾頁就好；如果是雜誌或散文，一篇文章也行。

假日或寒暑假較有餘裕，就可以選擇字數較多的小說或專書來閱讀。

家長應該重新建立觀念，孩子願意花時間在閱讀上，就該多鼓勵。因為當前新課綱下的課業學習，所謂課內或課外的分野，已經沒有那麼清楚了。孩子閱讀過的任何內容，都有可能成為考試的素材，也說不定。

培養解答素養考題的能力

最後，回到開頭提到的挑戰：如何應付素養考題。

現在不論會考或學測等大型考試，一份試卷的字數，少則五千，多至破萬；孩子如果沒有一定的閱讀能力，怎麼讀得完，更不用說還得讀懂並正確作答。

素養考題之所以敘述冗長，是為了充分呈現生活情境。許多孩子在素養考題中遇到困難，一方面是從小沒有閱讀長文的習慣，看到一長串文字就心生厭倦，或舉白旗投降。另一方面是沒辦法理解整段文章的敘述，也就是文意理解困難。文意理解困難，又來自兩種可能原因，一是缺乏有效的閱讀技巧，二是缺乏足夠的生活經驗。

前者，需要靠平日累積大量文章賞析的經驗，包括能掌握文章主旨，摘要各段落重點，連貫前後文脈絡，找到文章敘述與學科知識之間的關係。市面上有許多參考書籍，可以幫助孩子練習素養考題的手感，最好在有經驗的老師指導下，掌握素養考題的應答要領。如果孩子在前期就循序漸進培養起閱讀習慣，能耐得住性子閱讀長文，而父母也常與孩子討論閱讀內容，理解題意的能力自然不會太弱。

比較麻煩的是缺乏足夠的生活經驗。現代父母因為工作忙碌，也擔心孩子受傷，往往不敢讓孩子去嘗試或體驗不同生活情境。或者，有些孩子有閱讀偏食的問題，閱讀內容局限於某個主題。一旦考題敘述的是自己未曾接觸過的情境，便會感到很陌生。

很少有父母能帶孩子上山下海，什麼領域都親身接觸到。怎麼辦呢？我認為，拓展生活體驗的捷徑，還是閱讀。閱讀什麼呢？最好的材料，就是新聞報導。不管是報章雜誌，還是網路媒體，新聞的取材範圍廣，若針對某些專題的報導，深度夠、內容佳，特別能夠激發讀者的思考與感受，正是最好的閱讀素材。難以作答素養考題的原因與對策，見下頁圖表14。

你可以常與孩子分享有趣的新聞報導，題材不拘，愈多元愈好；同時，與孩子聊聊讀完之後的感覺或想法。

這樣做，一方面可以增進因應素養考題的能力，另一方面，也正在培養批判性思考的能力。當然，孩子的寫作技巧，也會因此有所進步。

圖表 14 難以作答素養考題的原因與對策

原因	解決方法
1 從小沒有閱讀長文的習慣 →	從小培養大量閱讀習慣
2 文意理解困難	
① 缺乏有效的閱讀技巧 →	① 平日進行大量文章賞析的練習
	② 從小培養閱讀習慣
	③ 父母常與孩子討論閱讀內容
	④ 大量練習素養考題，培養手感
② 缺乏足夠的生活經驗 →	① 大量接觸各領域事物
	② 大量閱讀多元主題的新聞報導

27 親子對話，增加深度思考力

有來有往的對話，不只促進孩子的語言發展，更能刺激孩子的思考深度。說話與表達是一種思考練習；而思考能力愈強、深度愈夠，表達能力就愈好。思考與表達能力愈強，在讀書學習上，絕對是占優勢的。

想一想，你可以和你的孩子針對同一個話題不斷討論，你一言、我一語，加起來總共超過十句話嗎？可能很難！

這牽涉到很多因素，如果孩子比較小，如學齡前，語言與思考能力均不足，同一個話題可能兩、三句就結束了。如果孩子到了青少年時期，通常不太喜歡和父母有過多的互動，變成省話一哥、一姊，孩子很容易用「不知道」、「還好」、「隨便」、「都可以」等精簡的詞彙「句點」你。

還有一個原因，就是父母的態度。如果父母只想著要孩子聽話，常用灌輸與命令的語氣與孩子說話，那麼孩子也可能學到「多說多錯、沒說就不會錯」的消極回應態度。

然而，在兒童與青少年的大腦發展上，時常進行有來有往的談話，又稱「乒乓球式對話」，是相當關鍵的。所謂乒乓球式對話就是父母針對某一個議題提問，孩子回答之後，父母給予回饋，並針對孩子的回答，再進一步詢問。反過來也可以，由孩子主導對話，父母予以回應，或者時常攻守互換。就好像打乒乓球一樣，你來我往，持續多次。

有來有往的對話，不只促進孩子的語言發展，更能刺激孩子的思考深度。因為，要能清楚表達，必須先聽見並理解他人說些什麼；接著，從自己的大腦資料庫中，找到相對應的資訊，經過一番思考與統整之後，設法用符合邏輯的話語表達出來。

所以，說話與表達是一種思考練習；而思考能力愈強、深度愈夠，表達能力就愈好。在日常生活中，父母不妨可以試著挑戰看看，如何針對某個議題與孩子做深度討論，進行有來有往的對話，最好能超過十句話。

思考與表達能力愈強，在讀書學習上，絕對是占優勢的。孩子有辦法針對學習到的新資訊在腦中與自己一問一答，進行精緻化的思考，連結曾經學習過的素材進行新舊資訊的整合，有助於大腦形成更廣泛綿密的神經連結網絡。

同時，當孩子腦中有想法，就不會每到作文課就對著稿紙發呆，而能將思考內容寫下來，經過組織、潤飾就是一篇作文。同時，寫作本身也像說話一樣，也會促發思考，想到更多內容再轉化成更多文字，如此相輔相成。

生活中的深度對話

幼兒很愛問：「為什麼？」這代表他們對這世界的運作法則有著無限好奇。當大人給孩子的只有單一標準答案，久了他們的腦袋就會愈來愈僵化，相信事情的發展永遠只有一種可能性。如果你能藉此刺激他多元思考，引導他從不同的面向來設想相同的問題，甚至不時挑戰他的想法，那麼他的思路會更寬闊、更靈活。

人生，本來就不該只有一種樣貌。我們需要不斷透過提問與對話，幫助孩子能從更多元與寬廣的角度，思索同一個議題。隨著孩子年齡的增長，可以提高問題的難度，提升孩子的眼界。

然而，對話勢必要有個主題，閱讀就是最好的對話素材。例如，從孩子最近正在閱讀的書籍中與他討論書中情節，透過提問，幫助孩子從不同的角度進行思考。

當然，閱讀的素材不限於書籍或報章雜誌，生活中的各種資訊媒材，包括路線圖、說明書、食品的成分表以及新聞報導等，都可以成為閱讀與討論的題材。就連孩子喜歡的電玩遊戲、影片、網紅、動漫等，都可以和孩子進行深度對話與討論。

也就是說，生活中的任何體驗都可以是對話與討論的主題。例如，許多孩子喜歡追網紅，看網紅拍的影片。這些影片或許搞笑或無厘頭，但會如此吸睛，讓孩子目不轉睛，必有其吸引人的原因。

那麼，我們就與孩子一起觀賞影片，然後把影片內容當做對話主題。你可以這麼問：

「這個影片主要在說什麼？」

「影片中最令你感興趣的是哪個部分？」

「網紅說的都是真的嗎？哪些是事實、哪些是誇大其詞？」

「影片創作者是如何想到這個題材的？」

「這部影片會吸引人的巧思在哪裡？」

「如果由你來拍影片，怎麼呈現會更精采吸睛？」

甚至可以將對話的主題延伸到討論當前的網紅文化，問問孩子：

「你會想拍影片、當網紅嗎？」

「如果你要拍影片放上網路，你會選擇分享什麼題材？」

「網紅是如何透過網路及影片賺錢的？」

「為什麼網紅的創作需要大家按讚、分享或訂閱呢？」

如此，網路短片就不只是讓孩子拿來消磨時間用的，而是促發孩子深度思考的素材。同時，在與孩子對話的過程中，大人也可以藉此更理解孩子的想法，增進親子關係。

隨著孩子年齡的增長，生活體驗會愈多，觸角也會愈廣，家長最好多費點心思，去關注兒童與青少年感興趣的話題有哪些，特別是青少年的流行文化，試著欣賞與了解。如此一來，才有辦法找到孩子感興趣的主題，進行親子深度對話。

保持開放態度，不批判、不否定

既然是對話，就應該是有來有往。要讓話題能延續下去，父母必須掌握一些要領：

1 從孩子感興趣的話題聊起

對話要能持續，必定是內容令孩子感興趣。許多家長不顧孩子的感受，以自己感興趣的題材出發，硬要與孩子討論，換來的是孩子不理不睬，然後又罵孩子「態度不好」。

小一點的孩子，你不妨觀察進行親子共讀時，他對哪一段情節或哪個畫面特別好奇，停留較久的時間，那正是孩子感興趣之處，就從那裡著手。若讓孩子自行選書閱讀時，是否經常挑選某一類主題的書籍，那也是他當前的熱情所在。

大一點的孩子，除了喜歡閱讀的書籍，可以觀察他日常關注的事物，每天花心思在哪些活動。即使你不認同，很想搖頭嘆息，請先保持好奇與開放的態度，試著與孩子聊聊。

2 用孩子能理解的話語提問

為了讓孩子能理解你的問題，你需要考量到，第一，遣詞用字是否過於艱深？第二，題目取材是否符合孩子的認知發展程度？這其實不難判斷，孩子聽不懂時，自然會露出疑惑的神情，你只要問：「是不是聽不明白？」「這個問題不好回答嗎？」去核對孩子目前的狀態，然後換個說法或降低問題難度就行了。當然，對於大一點的孩子，如果你的問題太過淺易，孩子也會感到無趣，不想繼續聊下去。

3 允許孩子思考並等待回應

為了刺激孩子多元思考，你大概不會問那些理所當然的問題。所以，當孩子回答時，也通常需要一些時間思索。請保持耐心，靜靜的等待。等待過程中，不時露出好奇的神情，瞪大眼睛、面帶微笑、時而點頭，用表情鼓勵孩子試著想一想並說出來。

4 接受孩子說出的任何答案

當你問出一個問題時，心中肯定有著預設的答案。然而，孩子的回答往往與我們所想大相逕庭，這是很正常的。不管孩子說什麼，就算是再扯的答案，你都需要接納，告訴他：

「嗯！謝謝你願意告訴我。」

「哇！謝謝你讓我知道你的想法。」

「很開心能聽到你的分享。」

就算孩子說：「不知道。」你也可以這麼回應他：「謝謝你讓我知道你暫時還沒想到，要不要再想想看呢？」抱持開放的態度，歡迎孩子的任何答案，也鼓勵孩子繼續思考，不要太快放棄。

如果孩子回答了些什麼，你可以在他表達內容的基礎上繼續探問，讓話題可以持續下去，像是：

「你為什麼會這麼想呢？」

「會這麼想，是曾經發生過類似的事情嗎？」

「這讓你有什麼感覺呢？」

5 避免趁機講道理或翻舊帳

孩子是否願意與你聊下去，端視孩子表達時，是否被接納、受肯定。你當然可以針對孩子所說的內容，給予一些回饋或分享你的想法。但請記住，千萬不要批判或否定孩子的感覺和想法：

「哪有人會這樣想呀？」

「不對吧！你的想法很有問題喔！」

「聽你這麼說，我實在很擔心！」

「聽我說，事情沒你想得那麼簡單，好嗎？」

類似這些話語，都只會讓孩子在對話的過程中感到挫折。另外，也請不要趁機講起大道理，甚至翻起舊帳，像是：「我告訴你，我們做人，本來就應該要守信用。像是之前你答應爸爸的事情，你做到了嗎？沒有呀！可是，爸爸答應你的事情是不是都有做到？所以嘛，你是不是應該好好反省一下！」

孩子很敏感，只要你有一點藉機教訓的意圖，對話就可能因此中斷。

說得出口，就寫得下來

有來有往的對話，可以提升孩子的深度思考與表達能力。而寫作就是將口語表達的內容轉化為文字，思考與表達能力愈好，寫作通常也不會太差。

寫作對很多孩子而言是件苦差事，偏偏在現行升學考試上必須過得了寫作這一關。未來如果孩子的文字表達能力夠好，在職場上也會很占優勢。

對大多數的孩子而言，寫作的困難在於「不知道要寫什麼」。這與上一篇提到的缺乏足夠生活經驗有關，上一篇已經提過因應方法。還有一個困難是，雖然知道要寫什麼，卻無法下筆，或者只能寫一點點，字數太少，深度也不夠。

對於養成孩子作文能力這件事，父母千萬不能急，原則就是「先求有、次求多、再求好」。要知道，一篇文章是由許多段落組成；一個段落是由許多句子組成；一個句子是由許多字組成。所以，只要能寫出幾個字，就能寫出一句話；只要能寫幾句話，就能寫出一個段落……依此類推。

孩子在寫作前，大人可以先針對主題，與孩子做一些對話討論，對話的內容便能當做寫作的素材。當孩子能夠表達一些內容時，就鼓勵孩子把想法寫下來，化為文字。

先不管譴詞用字是否通順，只要有寫出來，就值得被肯定。接著鼓勵孩子多寫幾句，慢慢組成一個段落，然後愈寫愈多。在這樣的基礎上，讓孩子愈來愈有信心，即使寫得不夠好，也不會完全寫不出來。

只要孩子在寫作上的自我效能提升，自然會想要讓自己的寫作能力更精進，這時候再帶著孩子去觀摩佳作範本，引導孩子文章的組織與結構，以及各種文體的特色與寫作技巧，並回到自己的作品中去反覆修潤。

當然，要讓作文更精進的方法不只如此。但對於懼怕寫作或曾有寫作挫敗的孩子，我們要讓他知道，所謂寫作，就是「我手寫我口」，只要說得出口，就寫得下來，如此而已。

其實，當我寫作遇上瓶頸時，我也是這麼對自己說的。

28 補習的利弊

補習不是萬靈丹，但補習也確實有可能幫助孩子的學習。然而，比補習更重要的，是孩子自己要有改善學習表現的動機，同時在課後也願意花時間讀書、完成作業。

「孩子上國中後課業成績不佳，我們決定給他安排課後補習。一個學期之後，成績不僅沒起色，還愈來愈糟。到底該不該讓孩子繼續去補習，還是請個家教比較好？」有個父親問我這個問題，這類問題實在不好回答。原因在於一方面要評估孩子在學習上是否真有額外補習的需要，另一方面，幫孩子安排補習常與家長的焦慮有關。

「孩子的想法呢？他想補習嗎？他覺得補習有幫助嗎？」我問。

「他說都可以呀！一副不在乎的樣子。」

「那麼補習完，回到家後，孩子有比較願意花時間溫習課業嗎？」

「唉！他本來就不太愛讀書，回家都在混，所以才想說讓他去補習，多聽一次，看看會不會比較好。」

很多家長都有類似的迷思，既然孩子不愛讀書，就把他送去補習班，多少聽一點，看看考試成績能不能進步。問題是，孩子本身缺乏學習動機，在學校或在補習班都不願意認真聽課，回到家也沒花時間研讀或複習，那麼同樣的內容聽再多次，也是沒有用。

「孩子缺乏學習動機，硬是把他送去補習班，對他而言也是煎熬，甚至認為是種懲罰，對他的學習幫助不大，實在可以考慮把補習停掉了。」有時候，我會直接這樣建議家長。

但請別誤會，我不是反對課後補習，我自己也是從小補到大的。

補習要有明確目標

扣除小時候參加的作文、美術、珠心算、兒童美語等才藝班，我從國小高年級開始，就被父母安排參加各種與學科相關的補習。

當時參加補習不是我有需要，而是我那對注重課業的父母聽別人說，上國中後，有些科目特別難，得要補習才行，便讓我去補習。我也沒多想，倒也還維持不錯的成績。正因為課業成績總是頗為優異，讓我有種「補習很有幫助」的錯覺，然而當時我從未想過若沒補習會怎麼樣，畢竟從來沒有比較過。

上了高中，我仍然相信補習。高一還沒開學，就先參加高一先修班。一個學期後，發現與學校所學的進度和內容落差極大、成效不佳，於是我向父母要求換補習班。

同學帶我到市區的補習班試聽了一節，我被台上某名師唱作俱佳的教學演出深深吸引，一回頭，放眼望去，台下坐滿約莫二百名與我穿著同樣制服的學生，拚命埋頭抄寫筆記。

「嗯！高中生就該像這個樣子！」回家後，我向父親要了大把鈔票繳學費去。這是第一次我在補習這件事情上，自己做了決定。我很感謝父親對我的信任。雖然當時我仍迷信補習，但逐漸有能力區辨補習對我是否有幫助。

高三是人生中課業壓力最重的一年，某天同學走到我身邊，神祕兮兮拿出一張廣告單。

「嘿！你看一下，有沒有興趣？」他放低音量。是某知名美語補習班的招生廣告。我有點驚訝，說：「我們又沒有要考托福或多益！」

「看仔細點，是英文寫作班啦！」他用手指著其中一個班別。

高三開始，英文進入了一個全新領域，便是英文作文，大部分的同學都為此苦惱，雖然學了好幾年英文，但英文寫作卻是頭一遭。我想著自己在英文寫作上的挫敗，有些心動。

我說：「讓我想想……」經過一番討論，我們決定先不補習，而是去找當時被同學稱為「雄哥」的英文老師商量，每天交給他一篇英文作文，要他以大學聯考的評分標準為我們批改。

雄哥為人海派，二話不說，一口答應。於是，接下來幾個月，每天早上我們都利用下課時間寫一篇英文作文，中午準時將作品交給雄哥，下午便拿到雄哥給我們的評分。日復一日，少有間斷。我和那位同學在大學學測的英文作文成績都不錯，真的很謝謝當時雄哥願意額外協助我們。

高中畢業，補習人生就此畫下句點了嗎？當然沒有！

大三暑假，決定放手一搏去報考當時錄取率低得可憐的輔導與諮商研究所，學校教授曾「恐嚇」我們，至少要讀一百遍以上才會考取，於是有些同學大二就開始跑補習班了。

大部分去補習準備考研究所的同學都是補全科，但我只選擇補比較不擅長的某一科目，其他的都自己來。補全科優惠多，單補一科沒折扣，實在虧很大。不過，我很清楚自己的策略是：聽懂了、學會了，剩下的就自己讀，這樣反而有效率。對於補習，我愈來愈有自己的想法了。

結果如何？當然是考上了。至於大二就開始補習、參加全科補習的同學，考上的不僅不多，有的最後還放棄不考了。

補習並非絕對必要

我家附近大小補習班林立，從學童的安親班、才藝班，到升國中的文理補習班，甚至還有高中升大學的醫科保證班。這邊考私立國中的風氣盛行，家長間瘋傳準備明星私中的入學考試，得讓孩子從國小三年級開始補習。許多家長在孩子很小的時候，就不斷接收這類「恐嚇訊息」的轟炸，深怕孩子輸在起跑點，便把補習當做孩子學習中的必要安排，卻沒有認真思考孩子是否真的需要補習，或孩子需要什麼樣的學習協助？

大把銀子花下去沒成效就算了，還浪費孩子寶貴的時間。補習班額外的作業常讓孩子喘不過氣來，只會對讀書學習更倒胃口。因此，父母得先分辨給孩子安排補習，究竟是孩子有需要，還是父母自己內心焦慮，深怕孩子不補習就會學習落後，孩子參加補習才能心安。

事實上，我們應該把「校外補習」視為孩子的學習策略之一。

前文談到，學習策略包含了六大領域，校外補習就屬於「求助資源領域」。我們希望孩子能自我評估，自己在讀書學習中遭遇了哪些困境，進而思考是否透過補習改善學習成效。因此，是否要去補習不應單方面由家長決定，也應該讓孩子參與決策。如果孩子還在國小中、低年級，判斷與決定的能力不足，家長可以暫時依自己的評估為孩子安排補習，但請容許孩子日後有決定繼續補習或轉換補習環境的彈性。

如果希望孩子在讀書學習上能更主動積極、自我負責，那麼父母就應該與孩子共同討論與決定任何在學習上的額外安排。

評估孩子的補習需求

1 釐清補習的真正目的

坊間補習班有很多種，有的強調課業補強，有的專攻升學考試（如私中保證班、醫科班等），有的是提升特定能力（如國文寫作、英語口說、全民英檢、術科檢定等）。總之，因應孩子在課業學習與升學上的需要，補習班推出的課程琳瑯滿目，招生手法也相當多元。

不管怎樣，家長應該清楚知道，幫孩子安排補習的確切目的是什麼。若是某些單科學習成就低落，那就補特定學科就好，不需要補全科。雖然補全科很划算，但也會花費孩子許多寶貴的時間。

若孩子在大考前不懂得如何自行溫習，那麼參加考前衝刺班也無妨。但這類補習班幫孩子把讀書時間表都規劃好了，孩子只是按表操課，並沒有學會自行擬定讀書計畫，無助於養成自主、自律的讀書習慣。

千萬不要人云亦云，看大家都在補習考私中，就把孩子送去補，但自己的孩子並沒有想要讀私中。孩子在缺乏學習動機之下，不斷被要求演練試題，很可能因此厭惡學習。

2 找出孩子的學習困難

很多時候，大人會因為孩子在學校考試成績不佳，而要孩子去補習，這樣的決定是相當粗糙的。在決定補習前，應該和孩子討論究竟學習困難之處在哪。到底是基礎觀念沒搞懂，導致新進度難以吸收；還是對學校老師的教學方式難以接受，聽不懂課堂講述。或孩子根本沒花時間預習或複習功課，考試後也沒確實訂正考卷，錯誤的地方一直沒弄懂。

國小階段的家長，不妨與孩子一起檢視作業或考卷，通常會出現一些共通的錯誤模式。例如粗心大意、題意理解錯誤、對某些公式或定理不夠理解、相關概念混淆、書寫速度過慢，或因考試焦慮而無法正確答題。

有些問題即使去補習，也不一定幫得上忙。因此，在決定補習之前，家長可以陪著孩子，好好把那些不足之處補強，把該訂正之處搞懂；同時，也可以詢問學校老師對孩子讀書學習上的觀察。

國中、高中階段的學習內容較難，家長不一定看得懂孩子的作業或考卷，但可以透過提問，了解孩子的學習困難在哪裡。例如：「我發現，最近你的數學成績有些退步，是不是遇到困難了？」或「你有發現，問題出在哪裡嗎？」再詢問孩子，打算如何改進。

如果孩子提到上課常聽不懂，回到家怎麼鑽研也無法搞懂，或許可以考慮去補習，聽聽看不同老師的講述方式。有時不是老師教得好不好，就只是適不適合、能不能接受。

但要注意，許多補習班都會超前進度，孩子在補習班聽講過一次之後，常會有一種「我已經全懂了」的錯覺，於是在學校課堂上便漫不經心，或寫別科的作業，錯失在課堂上再次學習的機會。

3 評估適合孩子的補習型態

如果與孩子討論後，決定幫他安排課後補習，接著需要思考，他適合哪種型態的課後補習？是多人的大型補習班或人數少的家教班，還是直接請老師到府與孩子一對一互動。

不同的孩子需要的學習協助不同，如果孩子只是在課堂上聽不懂，那找個教法令孩子容易接受的老師學習，不論班級人多人少都不成問題。但如果孩子的學習困難出在先備知識不足，過去的學習基礎沒打好，那可能就需要選擇人少的家教班，或一對一的指導，以針對個別需求給予適切的協助。

這些考量，最好也能與孩子充分溝通討論，而不是因為聽說某個名師很會教，或多數同學都這樣補習，就把孩子送過去。適合別人的不一定就適合自己的孩子。別小看孩子，他們其實有能力分辨，哪些老師認真，哪些偷懶打混；哪些老師的教法聽得懂，哪些會愈聽愈糊塗。父母不妨常常問問孩子的意見，與孩子一起討論什麼樣的補習型態最適合他。

當然，補習班也會指派不少回家作業，常常排擠到做學校作業的時間。怎麼辦呢？理想的狀況當然是都能完成最好，但若時間真的有限，且兩者的作業內容重複性高，應當以學校老師指派的作業優先完成。若補習班的作業或評量能針對孩子課業不足之處加以補強，那麼當然要求孩子盡量完成。在這過程中，我們需要與孩子討論，並讓他有機會練習規劃自己的讀書時間、安排各項溫書進度。

4 定時追蹤補習成效

為了不要讓補習淪為「補心安」，一段時間後，就與孩子一起檢核補習成效。當然，最直接的就是作業表現或考試成績是否比以往更進步。

你得理解，把孩子送到補習班去額外補強，是需要付出成本的，不只金錢，還有孩子大量的時間與體力。補習和車程往返的時間，可能會壓縮到孩子寫學校作業或溫習其他科目的時間。若補習無效，大可以把這些時間或體力省下來，跟著學校老師的進度，有充裕的時間好好寫作業和溫習功課，而不是愈補愈大洞。

有時候，孩子可能會直接對大人說：「不想再補了！」這時候，不妨聽聽孩子怎麼說，是否有道理。這表示孩子懂得觀察自己的學習狀態，評估額外補習對學習的幫助，也是一種對課業學習負責任的展現。如果，孩子告訴你補習班老師時常口出惡言、羞辱學生，或總是出大量作業、祭出懲罰性抄寫等手段來對待學生，請家長進一步去了解，若實情如孩子所言，盡快讓孩子離開那個補習環境，避免繼續受到傷害。

5 尋求補習之外的其他資源

我一再強調，是否安排孩子去補習，需要尊重孩子的意願，也就是能與孩子充分討論後再決定。同時，也不該把補習當做課業落後時唯一的求助管道。請與孩子一同想想，遇到學習困難時，除了補習，還可以怎麼幫助自己。其實，學校同儕或老師就是很好的資源，許多老師都很樂意額外花時間替學生解答課業疑難。

圖表15 評估補習需求的五大要點

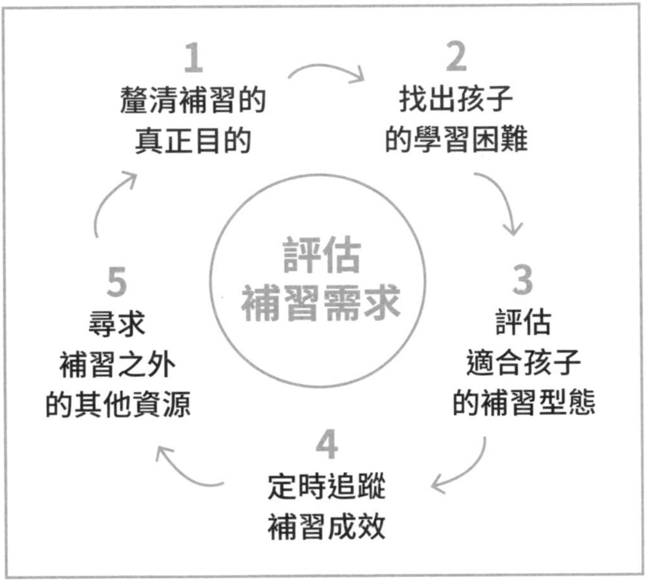

許多學校也有開辦課後補救教學班，安排課輔老師替孩子解惑，不妨鼓勵孩子利用這些機會與資源。前文提到，高三時我與同學一起找學校老師指導英文寫作，定期交作品給他批改，在短期之內就功力大增，沒有花上半毛錢，更省下許多課後時間（評估補習需求的五大要點，見圖表15）。

另外，有些家長擔心孩子外出補習會交到壞朋友，或深夜回家遇到危險；那麼線上學習平台也是個很好的選擇。目前坊間有許多線上資源，能幫助孩子提升學習能力，包括英文的聽、說、讀、寫，國文寫作、閱讀理解，以及各科目的複習或解題等，大部分需要付費，通常可以重複觀看，不受時空限制，有的甚至整合線上與線下的學習活動，都可以帶著孩子一起了解並嘗試使用。

我從小補習到大，遇過許多教學及解題功夫厲害的老師，對我的學習幫助頗大。但現在回頭想想，其實有些補習是不必要的。補習不是萬靈丹，但若能與孩子一同討論，釐清他的課業困難與需求，補習也確實有可能幫助孩子的學習。然而，比補習更重要的，是孩子自己要有改善學習表現的動機，同時在課後也願意花時間讀書、完成作業。否則，額外花再多時間補習，也只是白忙一場。

29 面對考試挫敗，給予支持

父母對考試的態度，會大大影響孩子面對考試時的心情，以及如何解讀考試表現的方式。父母展現愈多的溫暖關懷、接納與開放，愈能夠在孩子遭遇考試挫敗時，提供心理上與實質上的支持。

試想，今天是孩子參加大型考試（會考、學測、統測或分科測驗）的日子，當他完成考試，走出考場時，你會對他說的第一句話是什麼？

「考得怎麼樣？會不會寫？」

「想也知道你搞砸了！」

「我真擔心你上不了好學校！」

「總算考完了，這段時間辛苦了！」

上述四句話，你比較可能對孩子說什麼呢？我想，孩子都會比較想聽到第四句吧！這句話帶有對孩子的鼓勵與肯定，讓孩子感受到支持。前三句話則可能讓孩子感受到被質疑、否定，並感受到挫敗。

考試之後，對孩子説話要斟酌

許多家長相當重視孩子的考試表現，在孩子考完試後，就急著了解考情，並流露出許多擔心與焦慮。一個不小心，說出了以下三種可能會讓孩子感到無力與沮喪的話語：

1 詢問考情

類似的話語包括：「考得怎麼樣？」「題目難不難？」「對考試有沒有把握？」

你可能會疑惑，難道不能問孩子的考試狀況嗎？

不是不能問，而是不要立刻問、馬上問、急著問。孩子剛考完試，想的是放鬆心情，暫時把考試壓力拋諸腦後，大人卻不肯放過他，很容易讓孩子感到煩躁。家長不妨觀察一下孩子的情緒狀態，過一段時間，找個良辰吉時，再用邀請的語氣，與孩子談談這次考試的情形。當然，孩子若主動提起，那就順水推舟與孩子聊聊，會是最理想的狀況。

2 指責數落

類似的話語包括：「想也知道你搞砸了！」「考前不認真點，現在來不及了！」「都跟你說過了，要細心一點！」為什麼你會這麼說呢？很可能，你很不滿意孩子的學習態度，也不看好孩子的考試表現，於是你會在孩子剛走出考場時，說出如此令人洩氣的話。

如果孩子覺得自己考得不錯，聽到父母這麼說，會感到自己不被信任；如果孩子考得不理想，聽到這些話語，便會更挫敗沮喪。

這些指責數落的話語，完全無助於孩子下一次更加積極的準備考試，而是會讓他只想著放棄算了。

3 失望擔心

類似的話語包括：「我真擔心你上不了好學校！」「我實在對你很沒信心！」「我已經對你不抱希望了！」大人藏不住內心的焦慮，於是對孩子說出如此流露失望的話語。

當孩子聽到之後，也會感到很失落。也許，孩子已經對自己的考試狀況很不滿意了，又聽到父母這麼說，乾脆不抱期望了。因為，「連父母都不願意相信我，我為什麼還要相信自己有能力學得好呢？」

帶來力量，還是拿走力量

你會問，在孩子考完試之後，可以對孩子說些什麼呢？

你可以向孩子表達一些帶有鼓勵與促進親子連結的話語，包括：

「總算考完了，這段時間辛苦了！」

「恭喜你完成這艱難的任務！」

「不管考得怎樣，我們永遠愛你！」

考試是一時的，親子間的情感連結則是一輩子的。未來，孩子還得面對更多的人生試煉，你的鼓勵、肯定或安慰，能讓孩子保有內在力量，帶著愛與祝福，繼續往前走。

當孩子遇到挫敗時，如何安慰孩子是門很大的學問。我常在演講中告訴家長，父母對孩子最能發揮影響力的時刻，就是在孩子遭遇挫敗的時候。如果回應得好，能帶給孩子力量，幫助孩子愈挫愈勇；如果回應錯誤，則會拿走孩子身上的力量，讓孩子感到更加沮喪無力，甚至內心再次受傷。

能愈挫愈勇的孩子，就是具有心理韌性的人，在遭遇未來人生或職場上的挑戰，也會更願意去面對並設法克服。

同樣的觀念，也可以放到孩子的課業學習上。成績再優異的孩子，也會有考試失利的時刻，而孩子是否有動力再次嘗試，父母的態度是關鍵。當你發現孩子因為考試成績不理想，而顯露沮喪或自責，你很希望能夠安慰他時，請先問問自己：「我接下來說出的話語，會為孩子帶來力量，還是拿走孩子身上的力量呢？」

接納情緒，允許孩子感到難過

試想一個情境，你的孩子為了這次的月考卯足全力、用心準備，期待自己的成績能進步。無奈，考試成績不如預期，有好幾科的分數不升反降。孩子的內心感到既挫折又難過。

你看到他那落寞的神情，也感到很心疼。你想去安慰他，開口便說：

「孩子，別難過啦！」

「好啦！這沒什麼大不了的啦！」

「開心一點啦！下次再努力就行啦！」

我們很習慣這樣安慰孩子，要孩子不要難過、不要灰心、不要生氣；然而，這麼說孩子就會比較開心嗎？孩子就因此不難過了嗎？

並沒有！甚至，孩子還因為一直無法從沮喪中振作起來，而對自己生氣。也有一種可能是，孩子會告訴自己：「我不可以難過」、「我不可以對自己失望」，認為這些負面的情緒感受都是不對的、不好的、不應該的，而設法把它們壓抑下來。

然而，難過、沮喪、失望、自責等負面情緒，不會因為壓抑而消失不見，反而會繼續在內心深處累積，久了就可能形成創傷。

比較好的回應方式，是接納孩子的現狀，允許孩子有情緒。你可以用同理的語言，說出孩子的身心狀態，同時引導孩子多說一點：

「我看到這次你很努力，考試成績卻不理想，一定感到很難過吧！」

「除了感到難過，還有什麼感覺呢？」

「會不會感到自責、懊惱，或者，對自己失望呢？」

這麼說，會讓孩子感覺到被理解、被接納。除此之外，也可以藉此進一步肯定孩子的用心與付出：「你會這麼難過，是因為你很重視自己的課業表現，畢竟，你花了很多心思去準備。」

先接住孩子的情緒，才有機會引導孩子多說一點，也才有機會進一步與孩子討論，這次考試是怎麼失利的，以及，下一次可以怎麼準備會更好。

帶著欣賞與孩子討論考試

很多家長面對孩子考試挫敗時，只急著和孩子檢討考不好的原因，劈頭就是指責數落：「我看你沒事就在滑手機，當然考不好！」「你平常習題都沒好好做，考不好才來難過！」或立刻想要給建議：「我告訴你，下次呀，你就照我的話去做……」忽略了先去處理孩子的失落情緒。

這些話就算再有道理，孩子也不一定聽得進去，或解讀為對自己的否定。然而，當孩子被深刻理解時，心情才會平靜下來，負責解決問題的大腦部位才能開始啟動，好好思考到底發生什麼事以及如何解決這些問題？

大人不妨先說出孩子內心的「正向期待」：

「我知道，你會感到這麼挫敗，是因為很想考好一點，是嗎？」

「如果能有好成績，你也不希望成績退步。其實你很想有更好的考試表現吧！」

當你這麼說時，孩子大概不會反對。接著，就可以邀請孩子一起來討論，如何讓下次考試能有更好的發揮。

「我們一起來討論看看，要怎麼做下次月考才能進步，好嗎？」

如果孩子願意一起討論，應該先檢討一下這次考試之所以不如預期，問題出在哪裡。然而，在檢討不足之前，我建議先從孩子有做到、做得到的地方談起。你可以這麼問：

「告訴我，為了準備這次考試，你做了哪些努力？」

「我很想知道，你為了這次考試，做了哪些和以前不一樣的準備？」

「在準備這次考試的過程中，你最欣賞自己的是什麼？」

這些提問，正是在對孩子表達「正向聚焦」。透過帶著欣賞的提問，讓孩子的努力與付出被看見、被認可。這能為士氣低落、沮喪挫敗的孩子帶來一些力量，同時，也讓孩子感受到，他不會因為考不好而被指責，而父母就只是想幫助他突破學習困境。

找出考試失利的問題癥結

正向聚焦過後，接著再問孩子，覺得考試結果不如預期的可能原因。

「你覺得，這次考試成績沒那麼理想，問題出在哪裡呢？」

「你有發現是什麼讓考試成績不如預期嗎？」

你可以先聽孩子怎麼說，盡量不批評、不否定，接著，再把你的觀察盡可能客觀中立的與孩子分享：「我發現，這次考試你在考前確實花了比過去更多的時間準備，不過我也有發現，有些不會的題目，你只是去翻解答沒有再一次演算過，所以同樣的題目再次出現，你還是答不出來。」

然後，聽聽孩子怎麼說。如果孩子也同意，就可以進一步問：

「那麼，下一次可以怎麼做，幫助成績更進步呢？」

「接下來可以做些什麼，避免同樣的狀況再發生呢？」

「下回考試，你希望自己有什麼不同呢？」

先聽聽孩子的說法，再適時補充一些你的建議。永遠記得，檢討問題的目的，不是讓孩子感受到自己表現得有多差，而是有建設性的找到新方法，解決當前遇到的困境。

若是國小階段的孩子，父母務必要帶著孩子回到考卷當中重新檢視一遍，找出答題錯誤的模式。例如，某些重要的觀念沒有真正理解；計算過程無誤，但答案寫錯；錯別字過多；沒看清楚題目或題意理解錯誤等。一樣的，讓孩子先自己指出來，父母再說說自己的觀察，並討論之後可以如何改善。

只要討論的過程是溫暖和諧的，孩子充分感受到被理解與被支持，就會放心向父母坦露自己的想法。

幫助考試挫敗的孩子

有個母親告訴我，她女兒每次考試成績不理想時，總是會難過很久。當父母試圖安慰她，女兒便說：「都是我太笨，怎麼學都學不會，才會考這種成績。而且每次都考成這樣，這輩子注定讀不好書了；反正，我什麼都學不會，我就是個笨蛋！」

這種自暴自棄的話語，聽在父母耳裡實在很難受。父母希望她不要這樣想，只是一次考試，不代表以後都考不好，也不代表學什麼都不行，但就是很難扭轉孩子的想法。

學習上受到創傷或長期經歷學習挫敗的孩子，常會以悲觀的歸因方式來看待考試結果，也就是，傾向於以「個人性」（Personalization）、「永久性」（Permanece）與「普遍性」（Pervasiveness）的方式來解釋考試失敗的原因。像是：

- ▼個人性：是我太笨、天生能力不足的關係。
- ▼永久性：我這輩子大概都不可能考及格了。
- ▼普遍性：我學什麼都不如人，我就是個笨蛋。

當孩子常用這樣的方式解釋自己的學習表現時，可以想見他的內心有多麼無力，學習動機也會因此不足，很容易走向放棄學習。

家長要做的，不是要孩子「不要這樣想」，而是幫助孩子看見一些新的可能性。例如，引導孩子看到自己一直很努力、沒放棄，過去也曾有考及格過，以及除了課業學習，也有其他擅長的項目。

你不用立刻說服孩子，但你可以參考〈13 相信自己學得會、學得好〉（頁一五五）的內容，從慢慢累積小小的成功經驗開始做起，並讓孩子知道大腦可塑、才華可以被培養的觀念，同時不斷肯定孩子想要進步的意願，以及看見孩子的努力。

父母對考試的態度，會大大影響孩子面對考試時的心情，以及如何解讀考試表現的方式。父母展現愈多的溫暖關懷、接納與開放，愈能夠在孩子遭遇考試挫敗時，提供心理上與實質上的支持。

然而，這到頭來仍然考驗著父母本身的情緒安頓能力。如果父母自己過於心急，對於孩子的考試成績過度擔憂，無形中就會帶給孩子心理壓力，也可能會說出一些拿走孩子力量的話語而不自知。

30 學習未必要坐在教室裡

為了培養孩子主動學習，我們也需要給孩子機會，讓他能參與決定是否要上哪些線上課程，並尊重孩子的選擇，至少傾聽他的想法與感受。

二〇二〇年 COVID-19 疫情爆發，全球經濟與人民生活因此大亂。原以為病毒燒一陣子就要平息，沒想到變種病毒輪番來襲，一波未平、一波又起。

幾年過去了，世界各國多採取與病毒共存的策略，疫情也似乎走到了尾聲，深深期待，我們能盡快揮別疫情陰影。

我女兒快滿五歲了，我就這樣看著她，從有點懂事之後，出門總是得戴著口罩。這群疫情世代的孩子，口罩是外出與上學的標配，每天不斷清潔消毒是日常，梅花座、隔板等也都不陌生。

除此之外，孩子得去適應滾動式修正的生活方式，像是學校隨時宣布停課，虛實交錯的學習型態，期待已久的運動會、畢旅或畢典取消，突然被框列隔離。這些變動，都可能對孩子造成不小的心理壓力。

打破時空藩籬的全新學習型態

世界各國都一樣，當疫情嚴重到得全面停課時，師生需把學習活動搬到線上進行。從一開始的手忙腳亂，到慢慢上手，這中間需要花費相當的心力。不只老師辛苦，學生也在適應線上學習的節奏，而家長也跟著忙碌不堪。

然而，儘管如此，疫情卻讓我們發現新大陸。原來課業學習不一定要坐在實體教室裡，盯著黑板、看著老師才能進行；不論是大人或孩子，線上也是一個學習或自我成長的管道。

對於忙碌的上班族而言，有了線上課程，如果想要進修增能，再也不用每天趕著下班，擠進狹小的補習班裡；對於被孩子纏身的父母而言，有了線上課程，也可以一邊陪伴孩子，一邊聽著老師的教學，一樣可以學習。只要有網路設備，不用出門就能學習。網路讓學習者得以打破時空藩籬，不但便利且更為省錢。

我長期到各中小學向父母分享親子互動技巧，學校總是鼓勵家長踴躍出席，常常報名者眾，但到了當天卻因為天候或各種因素，出席率打了好幾折，造成資源浪費。

然而，就我的觀察，疫情期間，因為不得已而改成線上進行的親職教育講座，線上出席的人數卻比過去實體講座的人數大為增加。理由無他，家長不用大老遠跑進學校，在家也可以一邊進修學習、一邊陪家人。甚至，即使遠在外縣市或國外，只要取得線上會議室的連結，都可以一同參與。一場公益講座帶來的效益，便被擴大了。

於是，自疫情以來，給社會人士進修觀看的線上課程，如雨後春筍般出現；而給兒童與青少年學習的各種數位教材或平台，也比起過去大為增加。父母只要給孩子選購優質的課程內容，就能讓孩子待在家也可以學習。若父母想把孩子送去補習班，可以選擇讓孩子坐在補習班裡聽課，也可以選擇在家透過網路看直播。當然，錯過了也沒關係，事後可以反覆重播影片補課。如果，父母想讓孩子學習兒童美語，假日或晚上又沒空接送孩子，也許可以選擇線上學習平台，讓孩子透過網路及電腦設備，在家也能與美語老師互動。

選擇線上課程需顧及孩子需求

坊間給孩子學習的線上課程琳瑯滿目，除了國、英、數、社、自等學科，還有寫作、閱讀、表達、簡報、社交或情緒等主題，不勝枚舉。當選擇多元時，便會創造出需求。家長看到這些課程，很可能認為都重要，都想讓孩子參與，卻忽略孩子是否有那麼多時間；晚上或假日是否都一直掛在電腦前上著不同的課程，沒有休閒娛樂。甚至買了一堆課程，孩子根本上不完，家長還不斷購入，花錢買安心罷了！

和挑選補習班或參考書一樣，買線上課程給孩子，仍得回到孩子本身的需求。也許，孩子一直沒養成有效的讀書技巧，我們可以買學習策略或筆記製作的線上課程給孩子補強；或許，孩子對製作簡報感興趣也有天分，我們可以買高階的簡報技巧課程給孩子學習。

除了家長的評估，孩子本身的意願也很重要。為了培養孩子主動學習，我們也需要給孩子機會，讓他能參與決定是否要上哪些線上課程，並尊重孩子的選擇，至少傾聽他的想法與感受。如果，父母發現孩子某個學科較弱，希望幫孩子找一套線上課程加以補強，不妨先問問他的意見：

「你有發現這科比較弱嗎？知不知道問題出在哪裡？」

「你覺得需要額外加強嗎？去補習班好，還是買線上課程好？」

就算家長決定好要添購某科目的線上課程來替孩子加強，仍然可以與孩子討論哪個平台的課程內容比較適合。通常，線上課程會有試閱單元，先讓孩子看過一輪，再與他討論，這些不同平台的課程有哪些特色與優劣，最後再共同決定購買哪一家的產品。

若孩子對某議題特別感興趣，但可能與學校的學科學習非直接相關（例如演說技巧、影片剪輯、文案撰寫、職涯探索），我們可以鼓勵孩子先自行上網找免費的資源來學習，若仍無法滿足孩子的求知欲，再購入需付費的線上課程。

真實互動是高效學習的核心

有人說，線上學習終究不能完全取代線下的實體學習，這點我同意。但我們仍應將線上學習視為學習的一種管道，運用得當，仍然可以獲得效果。你不用把孩子帶去名師跟前拜師學藝，上網買名師的課程一樣能有所學習。問題是，把一個又一個單元的課程看完後，是否就真的學會了？不一定！

線上學習最為人批評之處，就是缺乏互動。「互動」是指什麼？就是有人和你一問一答的討論學習內容，這一直是高效學習的核心要素。

過去，許多家長有個迷思，認為給幼兒園或國小階段的孩子觀看各種ABC教學影片，便能讓孩子「自然而然」開口說英語了。到頭來才發現，孩子其實一知半解，為什麼？因為缺乏互動。當孩子自己看影片時，雖看得很入迷，但仍屬於被動吸收。沒人與他在課程中或課後進行反覆的對話練習，甚至孩子在看影片時根本沒開過口，口說能力當然不會進步。

因此，決定給孩子上線上課程時，若挑選能與老師即時互動的直播課程最為理想。這樣有如身處實體教室中，老師能觀察與檢核孩子的學習狀況，孩子遇到疑難也可以即時發問，獲得解答。若是非同步的線上課程（也就是預先錄好，可重複觀看），家長則需要多費一些功夫，在課後和孩子討論課程內容，確保孩子內化所學，或把所學實際運用出來。

對於國小低年級以下的孩子，進行線上學習時，家長最好可以陪著孩子一起觀課，並隨時停下來與孩子討論，而非只是把孩子扔到電腦螢幕前面就算了。

一般的線上課程，為了確保學員可以跟上進度吸收學習，通常在單元間安排有練習或作業，家長需要留意孩子作業練習的情形，以掌握孩子的學習成效。如果孩子的練習或作業，卡在某個地方無法克服或是完成，則要提醒孩子再次觀看之前的單元，以確保孩子真的學會了。

前文提過，高效學習的重要原則之一就是「提取比輸入更重要」。即使是在線上學習，仍然可以鼓勵孩子試著用自己的話語講出線上觀賞到的內容，或者做成筆記，若有缺漏之處，表示不夠精熟，便需要再次觀看課程，這便是「積極回想」的過程。

當孩子線上學習時分心

不論是線上學習，或者線上、實體整合式學習，在未來或許都會成為學習常態；至少，這已是不可逆的趨勢。在運用網路設備進行學習時，許多家長遇到最大的困擾，就是孩子常在視訊課程中，邊上課，邊忙著開其他分頁，不是在看影片，就是玩小遊戲，或者和同學傳訊息聊天。就算父母三不五時來盯著，這回關掉了，過一會兒又打開來。

面對這道頭痛的難題，大人得先有個體認：分心才是常態，也就是使用網路或電腦設備學習本來就很容易分心。想一想，當你在和公司連線開會時，是不是也會分心做些其他事情？當你在上公司的線上訓練課程時，是不是也常偷偷瀏覽其他網頁呢？大人如此，孩子更是如此，這是人性使然。

再來，孩子會分心，更大的原因是無聊，也就是對目前的學習內容不感興趣。有可能是老師在線上的教學不夠吸引人，更可能是孩子本身對學習興趣缺缺，或是成就感不足。

其實，孩子在學校教室裡也是會分心的。只是，在教室中，孩子頂多就是發呆、看其他書籍，或者和同學交頭接耳、傳紙條，而且老師在前面盯著，再怎麼樣也不敢太放肆。家長因為沒在現場看到，所以根本不知道。現在，分心的場景搬到了家裡，網路上又有好多吸引人的內容，原本上課就容易分心的孩子更無法抵擋誘惑，除非你時時刻刻盯著孩子上課，但老實說防不勝防。如果你能體認到上述事實，面對孩子線上學習分心的問題，你有兩件事得做：一是觀察與評估，二是提醒與討論。

1 觀察與評估

首先，觀察孩子分心的頻率及時間。孩子是上每堂課都會分心，還是只有某些特定課程分心。若是前者，代表孩子對某些課程專注投入，對某些課程興趣缺缺，那些興趣缺缺的課程可能剛好就是孩子不擅長或遭遇學習困難的科目。

再來，觀察孩子在一節課中，分心與專注時間的比率。有可能孩子整節課都不時分心，專注參與不到十分鐘，也可能只是偶爾分心，但大部分的時候都能專注。

如果是前者，我們事後需要與孩子好好談談，在特定科目的學習中，是否遇到了什麼困難；若是後者，則稍微提醒即可。有些孩子雖然會分心，但會刻意選擇在老師講了一個段落開始演算習題時。當習題做完了，還在等其他同學時，便分心看一下影片。當老師又開始講解時，便會關掉影片，重新專注於課程學習。如果是這樣，家長雖然需要提醒一下，但不妨睜一隻眼、閉一隻眼，孩子知道自己在做什麼就好。

2 提醒與討論

有的家長發現孩子分心一次就提醒一次，這樣雖然能防堵分心，但家長耗費不少時間，甚至弄得親子關係緊繃不已。家長提醒歸提醒，比較好的做法是事後討論。

如果分心是因為對某些科目不感興趣、學習低成就，那麼，就需要回到本書第二章從學習動機的層面來協助孩子。

如果分心純粹就是覺得上課無聊，又抵擋不住誘惑，父母不妨和孩子討論一下，如何覺察到自己分心了，在分心時，又如何提醒自己回到課程中。例如，幫孩子設定好鬧鐘，每十分鐘發出提示鈴響。當提示出現時，孩子可以立即檢視自己處在專心或分心狀態，如果正在看其他網路內容，就要讓心思重新回到課程上。

總而言之，如果不是太嚴重、太頻繁，允許孩子可以偶爾分心，大人不需要時時在一旁盯著，這樣對彼此而言都輕鬆自在。但若是次數太多、時間太長，或者在特定課程中分心特別嚴重，就得找時間與孩子好好聊聊，是否在學習上遭遇困難，以及與孩子一起討論如何誘惑管理（參見〈23 抵擋誘惑，避免分心〉頁二七二），找到上課時能更專注的方法。

31 終身學習是終極目標

如果父母要讓孩子願意持續學習、終身學習，就得當孩子的楷模，讓孩子看到父母也不間斷的學習。讓孩子看到即使工作生活忙碌，仍然願意積極學習，而且能夠妥善運用時間的父母。言教不如身教，說得再多，不如親身做給孩子看。

為什麼孩子喜歡線上遊戲更甚於讀書學習？其中一個原因是線上遊戲有明確的目標，讓玩家容易看到自己的進步，然而讀書學習卻是件苦差事，孩子往往投注了大量心力，卻不見起色，令人挫折。這時候，關注學習的父母便也跟著心急，開始積極尋訪名師、閱覽各種教養書籍（包括你手上的這本書），嘗試各種方法引導孩子，提升學習成效。

我認為，父母願意投注心力在孩子的學習中，本身是件好事。現在孩子的學習，不能只靠學校老師，父母願意花時間陪伴與引導，更是關鍵。

然而，當父母因為過度焦慮，總期待著為孩子做點什麼之後，就收到立竿見影的效果，也很容易失望收場。父母那藏不住的過度焦慮，更會為孩子帶來龐大壓力，進而對學習心生反感。但我也不是要父母裝作一副無關緊要的樣子，對孩子的學習困境袖手旁觀，想著船到橋頭自然直，而是需要抱持務實的想法。

認清進步軌跡，起伏是常態

如果家長認真研讀本書，也幫助孩子的學習漸入佳境，請不要抱著太高的期待，因為，孩子的進步可能不會就此一帆風順。實際上，進三步、退兩步，或者才剛看到一些成效，就又打回原形，才是常態。

特別是本來對讀書學習意興闌珊的孩子，總算找到了些許讀書動力，正要發憤圖強時，沒維持多久又故態復萌，回到過去懶散擺爛的模樣。這常令父母失望與火大，接著就是忍不住一頓數落：「你看看你，江山易改、本性難移，牛牽到北京還是牛！才說要認真沒幾天，只有三分鐘熱度，又開始摸魚了。唉！你真是令我失望透了！」然而，父母不說還好，重話一出口，孩子恐怕就真的回不來了。

圖表 16 期待中與實際上的進步軌跡

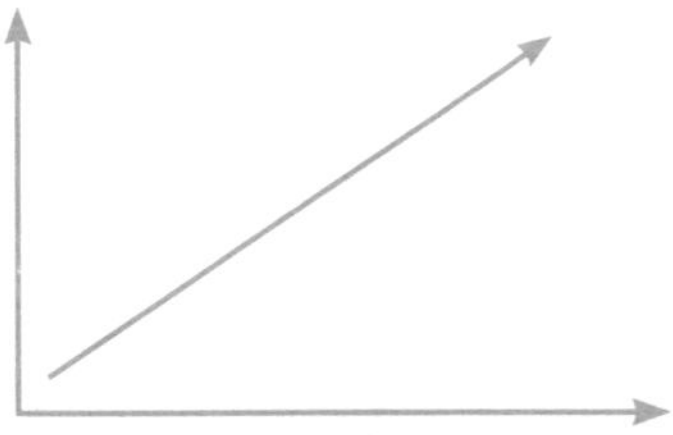

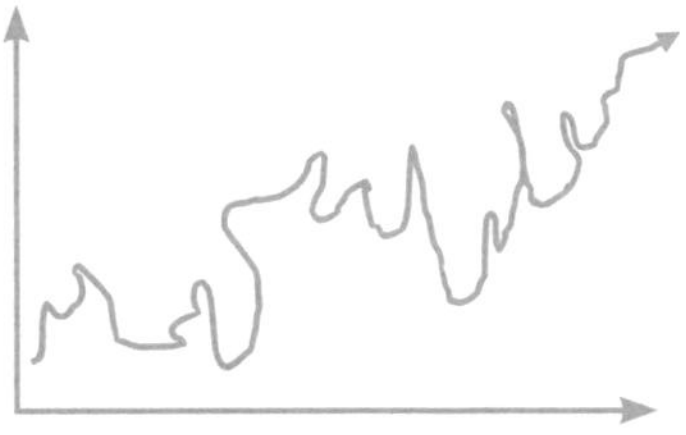

如果父母能理解進步的軌跡不會是一條平穩上升的直線，而是有起有落的波動狀態（見圖表16），便能在孩子表現不如預期時，平心靜氣看待。老實說，父母在孩子課業學習的路上，一方面要積極陪伴，給予支持，更多時候要耐心等待。既要相信成功並非一蹴可幾，也要相信終有一天孩子的學習能漸入佳境。

像是之前談到，父母最好從小幫助孩子建立定時讀書的習慣，千萬不要天真的以為給孩子立下規定，要求他執行，孩子便就此養成習慣，不再需要大人煩惱。真實的狀況是父母仍然需要每天提醒，甚至需要花很多時間陪在一旁。當孩子愈來愈能自動自發，父母心想「就要好命了」時，孩子又變得消極被動，需要一再提醒。

沒錯！在學習的路上，孩子的表現起起伏伏才是常態。當孩子穩定進步，父母需要表達欣賞與肯定，別視為理所當然；當孩子退步不前，父母除了提醒，更要願意關心與理解他的學習困難在哪裡，並給他時間調整，耐心等待。

家長也要持續學習

我們必須體認到，學習是一輩子的事。如果孩子現在的學習表現不佳，但未來願意為其熱情的領域持續學習，那麼也值得我們耐心等待那一天的出現。終身學習的時代已經來臨，學習不再只是發生在校園中。這個世代的孩子，要取得一定的學歷並不難，但要真正在職場上具有不被淘汰的競爭力，卻必須十分努力才行。

試想，一場 COVID-19 疫情來襲，有多少產業因此受到重創，有多少人一夕之間沒了工作。然而，卻有許多人在這波職涯危機之中，把握機會努力學習，積極培養第二專長，等待疫情過後，又是一番新氣象。另外，即使沒被疫情打垮，不少人也思索著要如何讓事業轉型，以隨時因應下一波危機的衝擊。這些人通常是最樂於持續學習的人，也將會是有能力挺過一波又一波危機的人。

然而，身為家長的你，離開校園後，是否就不再學習了呢？除了公司的教育訓練或升遷考核，你還有碰過書本，或者額外進修嗎？確實，很多人畢業後就不再學習了。

我認為，如果父母要讓孩子願意持續學習、終身學習，就得當孩子的楷模，讓孩子看到父母也不間斷的學習。前文我提過父親因為學歷不高在職場上被人瞧不起，而在我國小時重返校園從高職補校念起。當時我時常看到父親坐在書桌前用功讀書的身影，自然覺得不能輸給父親。

終身學習者的必備條件

如果希望孩子成為終身學習者，那麼父母就不需要太糾結於孩子當前的考試成績與分數，更要重視的是他的學習態度與習慣，以及是否發展出各種有效的學習策略。我認為，要成為終身學習者，需具備以下條件。父母不妨以此條件為目標，幫助孩子從小奠定基礎。你會發現孩子從小培養出來的學習策略或習慣，正是在為終身學習做準備。

1 廣泛學習的習慣

終身學習者雖然有自己專精與擅長的領域，但也對許多事物抱持好奇、開放的態度，不論自然或人文，抽象或具體，從內子宮到外太空，只要值得一學的知識，就會去涉獵。因此，他們閱讀的書籍，不會只局限在自己有興趣或擅長之處，而是廣泛瀏覽各類書籍。他們會去報名一些自己不熟悉、但似乎很有趣的課程，並認識不同領域的專業人士。一旦接觸的範疇愈廣，吸取的知識愈多元，便會在大腦內形成廣大、綿密又強韌的神經連結網絡，進而慢慢建構出自己的知識體系。

2 系統學習的能力

雖然抱持好奇、廣泛學習是種好習慣，但仍須集中火力在能幫助自己學涯或職涯加分的學習渠道上。當今的知識量是如此龐雜，窮極一輩子的心力也學不完，你需要有系統的規劃學習活動。最簡單的方式，就是先找出為了發展某個技能所需的核心知識，集中火力將核心知識學好；再漸漸擴及其他相關領域的知識，並建立起不同知識之間的關聯性。

舉例而言，我要寫這一本關於如何幫助孩子改善讀書學習表現的書，我需要具備的核心知識就是學習心理學或學習原理，而這方面的知識，有些我已經擁有，有些則需要再充實。為了讓知識體系更為完整，我還需要去涉獵關於大腦科學、教育心理學、認知心理學、動機心理學、情緒心理學、親子溝通、親職教養、閱讀與寫作等相關知識，並試著將這些知識整合起來。為了將生硬的知識寫得淺顯易懂，我可能得額外去學習科普書籍的寫作技巧，大量參考相關書籍與文章。

同時，我也得著手規劃最有效率的管道學習。閱讀是成本最低的學習方式，但頗花費時間，而且光靠閱讀來學習必定有其極限。因此，我也需要去尋訪名師，花費金錢與時間到課堂中去學習，以獲得老師統整過後的知識精華。當然，訪談有經驗的人也是深入理解某議題的快速方法，例如我會找一些有教學實務經驗的老師，聊聊目前教育現場中孩子的學習實況。

一〇八課綱期待孩子能不斷探索自己的生涯興趣，我們也可以將生涯探索的過程看做是一種系統學習。現今大學科系多如牛毛，如何知道自己喜歡什麼或從什麼地方探索起呢？其中一種就是從「學群」的角度切入。目前大學科系依其屬性可以分為十八學群，而每個學群中，又可細分為各個「學類」，再來才是「科系」。

家長可以觀察孩子在平日表現中，展現出對哪些領域的能力與興趣，並配合孩子在學校接受興趣或性向測驗的結果，與孩子進行討論。從某一、兩個孩子比較感興趣的學群著手，蒐集與閱讀相關資料，對這個學群有一定了解後，再逐步聚焦在某一學類上，最後則是鎖定特定科系。

另一種情況是如果孩子已經明顯對某科系感興趣，則鼓勵孩子多多涉獵該科系周邊相關領域的知識，例如喜歡心理學的孩子，不能只關注心理學，還要廣泛接觸社會學、教育學、人類學、大腦科學等相關知識。這便是由一個點出發，系統性的擴大自己的知識版圖，成為網狀的知識結構。

3 應用知識的能力

要能善用各項資源系統學習，關鍵在於你得知道自己目前要的是什麼？也就是得要釐清：「在我的學涯或職涯發展裡，現階段我要達成什麼目標，想要追求什麼目標或成就？」以終為始，再來問自己：「我現在具備哪些知識與技能，還缺少哪些知識與技能？」、「缺少的要透過什麼樣的學習管道來補足？」同時，學習之後，最重要的是要能應用出來。如果能在工作現場實際運用出來是最好，知識便有了實用價值。

新課綱的精神之一，也是強調知識與技能的實用性，也就是能將所學用於解決真實世界的問題；當你能實際運用某項技能，就有機會成為這方面的專家。

但有時候你可能只是對某領域有興趣，而一頭栽入學習中。你上了許多課、讀了好多書，但卻苦無發揮的機會。那麼，最好的方式就是與他人分享。你可以組成一個讀書會，向成員分享你的學習成果；你也可以寫下學習心得分享到網路上，並與網路社群中的同好切磋交流，精益求精。

還記得，我們在前文〈22 讓孩子當老師，學習效果更好〉談到的「最高級的學習策略是教別人」（頁二六七）嗎？終身學習的時代，更需要這樣的能力。

4 技能組合的能力

一個終身學習者身上通常不會只有一把刷子，那是不夠的。

第一把刷子，通常是與目前本職相關的學問。例如，我是個心理師，我便需要具備心理學與心理諮商方面的知能。然而，我可能因為興趣，而不斷精進自己在寫作與演講方面的技能，開始有了第二把或第三把刷子。

於是，我開始思考如何將原有的刷子和第二把、第三把刷子組合在一起，創造新的職涯可能性。於是，我不只做心理諮商，也可以透過演講與授課向大眾分享心理學的知能；同時，我也持續寫作，出版書籍或在社群平台分享，向大眾傳遞我的理念，並藉此打造個人品牌。

當你能廣泛學習，精通二到三項專業技能後，便能開始思考如何組合這些技能，為自己的職涯創造新的可能性。

在前述生涯探索的過程中，家長便能與孩子一起盤點，目前對哪些領域感興趣，或者有哪些能力強項，試著將這些興趣或能力組織起來，規劃自己的學涯。

我遇過一個從國中就對人類如何學習很感興趣的孩子，他常閱讀關於學習、思考或邏輯類的書籍，而且他還有很強的數位操作能力，會寫程式，也會架設網站。到了高中，他開始關心教育議題，希望發揮自身影響力。於是，他便親手架設一個給高中生瀏覽的資訊網站，裡面放入各種高中生應該知道的實用資訊，引導高中生如何因應新課綱的變動。

在此同時，他的舉動也吸引來一些同好，一起組成團隊，在寒暑假時辦理營隊活動給高中生參與，漸漸累積口碑。未來，他可能會是一個教育創新者，但此刻他已經幫助許多和他一樣年紀的孩子，逐步累積學習歷程。

5 時間管理的能力

不論是孩子或大人，學習都是要花費時間的。本以為畢業之後，脫離每天讀書考試的日子，便能自由自在。進入職場才發現時間更是稀有的資源。特別是許多成人平常已是工作、家庭蠟燭兩頭燒，又需要大量學習、充實自我，談何容易？

圖表 17 終身學習者的必備條件

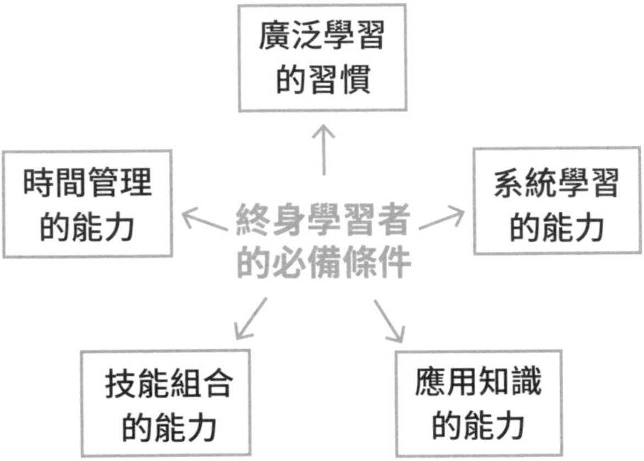

因此，若你能妥善安排與規劃自己的行程，做好時間管理，便能有餘裕投入學習活動中。我遇過最熱愛學習的人，往往也是平日忙碌不堪的人，同時他們也能在家庭、工作、休閒與個人健康之間，取得平衡。他們是怎麼做到的？那就是，妥善規劃自己的時間。

例如每天早起閱讀或寫作；晚上陪伴孩子溫書時，自己也拿起書閱讀；通勤時聽一段知識類的音頻課程。當然，這可能得犧牲每天看電視、追劇的時間，但是為了終身學習，本來就得有所取捨。再來，工作時事先規劃排程，將重要且緊急的事項優先完成，並想著怎麼做事會更有效率，便能省下休息或充實自我的時間（終身學習者的必備條件，見圖表17）。

在〈19 想要主動學習，先學做讀書計畫〉

（頁二二五）中，我們談到如何幫助孩子培養做讀書計畫的習慣，其實讀書計畫正是時間管理的一環。從小，家長就該不斷引導孩子去思考，課業學習與其他生活安排，例如休閒娛樂、同儕互動、家人相處、興趣發展及身體健康等之間，如何取得平衡。同時，也引導孩子養成定時讀書的習慣，在規律及有限讀書時間內，妥善安排各科目的作業練習與溫習進度，並思考如何將單位時間的運用效益極大化。

如果孩子從小有做讀書計畫的習慣，長大之後自然也能做好時間管理。當然，大人自己也該以身作則，讓孩子看到即使工作生活忙碌，仍然願意積極學習，而且能夠妥善運用時間的父母。

言教不如身教，說得再多，不如親身做給孩子看。

幫助孩子累積學習歷程

一〇八課綱要求學生製作學習歷程檔案，做為大學選才評分的參考。

如果孩子從小就有終身學習的概念，懂得大量且廣泛學習，那麼，他能累積的學習歷程肯定是相當豐富的。而若在某一領域投入大量心力，而有深入且豐碩的學習參與成果，將更能有說服力的告訴大學教授：「我就是你要的人才！」

目前，高中升大學需要的學習歷程檔案包括基本資料、修課紀錄、課程學習成果，及多元表現等。其中多元表現，就是一些課外參與的活動與經歷。許多專家學者不斷提醒學生，學習歷程檔案的內容不是多就好，而是能有系統呈現自己的學習成果與特色。所以，大學教授更看重的，是學生在課程與活動參與中，學到了什麼？有什麼心得與反思？

因此，不只要認真學習，更需要去思考：

- 這些學習內容對我的幫助是什麼？
- 這些知識能解決什麼實際的困難？
- 我如何在日常生活中統整與應用這些知識？

然後，把這些反思與心得訴諸文字記錄下來，讓大學教授看到孩子的思考深度。

我認為，父母應該不斷提醒孩子，以一個終身學習者的角度來看待與累積學習歷程，而不是只把它當成升學面試中的「備審資料」。

事實上，學習歷程就是一份高中生活履歷；把時間拉長來看，孩子未來也得逐步建構自己一生職涯發展的「學習歷程」，未來在求職或爭取工作機會時，需要呈現自己在專業上累積的成果。而當大家的學經歷及各項表現都相當時，你有什麼特別之處，能讓他人眼睛為之一亮呢？關鍵在於，是否有實際的「作品」產出，這會比任何證書或獎狀都更加分。

試想，如果孩子與許多人競爭進入某名校中文系就讀，大家的在校成績相當，也都是國語文競賽的常勝軍；如果其中有人拿出一本自己創作的小說或文集（如果能出書更好），不是立刻技壓全場嗎？

所謂作品，就是學習之後輸出的成果。從學習策略的角度來看，輸出就是最好的學習。而逐步累積讓人看得到、聽得到、摸得到的實際作品，才會令人印象深刻，進而受到青睞。不管是出版品，或者曾編輯過的校刊與作品集，曾在網路上發表的論文或文章，自己架設與經營的網站，不論是用圖片、影像、聲音或文字輸出，都可以是作品的形式。

如果孩子已經慢慢探索出自己的生涯興趣，也已經展現某方面的專長時，父母就該提醒與鼓勵孩子把這些「能力」轉化為「作品」。孩子也會因為能實際產出作品，開始有了成就感，更願意投入心思於學習活動中，真正成為一個終身學習者。

32 課業學習並非人生的全部

功課好、學歷佳充其量只代表一個人擁有優異的讀書能力，與他的人品如何無關，也不是人生成功幸福的保證。家長在督促孩子追求課業成就的同時，也需要不斷提醒自己：別讓孩子的自我價值感，被課業學習成就給綁架了！

我常在演講中問家長：「孩子的成長過程中，你最重視什麼？」在投影片上，我會列出好幾個與孩子成長息息相關的議題，例如健康、品格、人際關係、友善、禮貌、孝順、運動、時間管理、同理心、情緒、課業學習等。我請家長從中挑出六個他們認為最重要的成長議題，並寫下來。

「好，接下來，請你刪掉其中三個比較不重要的！」當我這麼要求時，不少家長陷入苦思，但仍忍痛做出決定。接下來，我請家長再刪掉一個，這次的難度更高了。

最後，我請家長再刪一個，只剩一個就好。我問大家：「你們留下的是什麼？」

通常會聽到，全場很有默契的說：「健康。」當然，也會出現些零星的聲音：「品格」、「孝順」、「人際關係」……，但等了又等，就是沒聽到有人說「課業學習」。

我又問：「請問，你每天和孩子有機會互動時，都在聊些什麼？」

沒等大家接話，我自己就說了：

「快去讀書，不要一直混！」

「功課寫了嗎？」

「這次考幾分，考卷拿出來給我看！」

「怎麼又退步了，要加油啦！」

「再這樣下去，我要把你送去補習班了！」

現場有許多家長都笑了。為什麼笑？因為，這些話語好熟悉，根本就是每天和孩子互動時，固定會講的台詞。

多麼矛盾呀！對大多數的家長而言，有許多遠比課業學習更值得重視的議題，但與孩子每天的言談間，卻只剩下課業學習可講。難怪，孩子會覺得父母只重視功課，只在乎成績。我想，這並非父母的原意。然而，曾幾何時，我們對孩子關注的焦點，就只剩下課業；而在課業學習發生困境時，也要優先處理才行，至於其他事，之後再說、以後再說！

別只和孩子談課業學習

這本書從頭到尾都在教你如何與孩子討論課業問題，幫助孩子提升學習動機，改善學習成效。但是父母與孩子每天談話的內容，可不能只剩下課業學習。一旦孩子對課業興趣缺缺，或不斷遭遇課業挫敗，他便不想與父母討論這個話題，而平常你們又沒有其他話題可聊，親子之間將無話可說。

有一位父親告訴我，他知道找到有效的學習策略很重要，平常也都這麼和孩子說，但不知道從哪一天起，每次和孩子談到課業學習，孩子就不太想理他。

我問：「孩子是在你們談到課業學習時，不想理你；還是現在你和他聊什麼，他都不想理你？」

他想了一會兒，搔搔頭說：「對耶！好像我和他提到什麼，他都不太想回應我！」

所以，真正的問題在哪裡？是親子關係！他們的親子關係不佳，孩子愈來愈不想和父親溝通互動。而深入探究親子關係不佳的原因，這父親說：「大概是小時候我就很少和他聊天，平常只關注他的課業學習，不是催促趕快寫作業，不然就是檢討考試成績。這麼說來，他大概覺得我是個很無趣的父親吧！」

正因為親子之間的話題狹隘，沒有透過充分對話與互動來營造正向良好的親子關係，在「關係存款」不夠的狀態，孩子上了國中，進入青春期，便更不願意與父親互動。甚至，不管父親提到什麼，都用不搭理的方式來回應。

於是，父母說得再多，孩子也聽不進去，對孩子毫無影響力。

課業學習很重要，但絕非最重要

如果父母和孩子每日談話的內容都是課業學習，很容易讓孩子誤以為大人只重視課業表現，而把自我價值建立在課業成就上。也就是，學業成績名列前茅，代表他是個有價值的人；學業成績不如人，代表他一文不值。

如果是這樣，孩子很容易發展出狹隘的自我認同，一旦課業學習遇到挫敗，就認為自己的人生要毀了，卻忽略還可以透過其他途徑來彰顯自己的價值，像是運動技能、藝術美感、人際互動、領導統馭、助人服務、文學創作、工藝手作等。

還記得，孩子剛出生時，對孩子的期待是什麼嗎？很多父母大概都會說：「能平安健康長大就好！」曾幾何時，我們不只要孩子平安健康，還要求課業頂尖、五育均優、進退得宜、自動自發、乖巧懂事。

我也不是要你告訴孩子，課業學習一點都不重要。有的家長明明很在意孩子的課業表現，卻常常表面開明的對孩子說：「爸媽一點也不在意你們的考試成績，你們有用功、有弄懂就行了，考幾分沒關係！」當孩子考試成績不佳時，又忍不住指責孩子：「你到底有沒有用功、有沒有弄懂觀念，怎麼會考這個爛分數呢？」這樣通常會讓孩子感到很錯亂。

承認吧！讀書學習很重要，考試成績也是很需要被看重的。父母應該這樣告訴孩子：「讀書學習很重要，我們也很在乎你的考試成績，但比起成績表現，我們更在意你是否有付出努力、是否真正學會了、搞懂了！」

課業表現無法定義孩子的價值

我不得不承認，現代社會仍有「萬般皆下品、唯有讀書高」的氛圍；而學業成就確實關乎孩子的自信與自尊。因為大人過度褊狹的價值觀，讓不少孩子常常認為，只有考試成績優異的孩子，才是所謂的「好學生」，才有資格在校園裡抬頭挺胸。長大後進入職場，不少人甚至還想方設法進入名校的在職碩博士班「洗學歷」，只為了有響亮的名聲。沒錯，書讀得好、擁有高學歷，確實有很多好處，不然我也不需要寫這本書幫助家長們陪伴孩子改善學習。

然而，功課好、學歷佳充其量只代表一個人擁有優異的讀書能力，比別人更會讀書、更會考試，與他的人品如何無關，更與工作績效、人際關係、家人相處、自我覺察或情緒調控等，沒有絕對相關，也不是人生成功幸福的保證。

重視課業學習的家長，在督促孩子追求課業成就的同時，也需要不斷提醒自己：別讓孩子的自我價值感，被課業學習成就給綁架了！

如何避免孩子誤把課業成就和人生成就畫上等號呢？最關鍵的就是家長的態度。

我們需要時時自我檢視，內心深處是否對「課業成就等於人生成就」深信不疑？就好像，我們也必須常常自問，是否把孩子的考試成績當做身為家長的「業績」？

當我們能看見並鬆動內心這些僵化的信念時，才有可能站在更高的位置，用更寬廣的視角看待孩子的課業學習。同時，允許孩子在課業學習以外，發展其他的才華或技能，而不是拘泥在每一次大小考試的成績如何。

人生中重要的議題很多，真的不是只有讀書學習！

國家圖書館出版品預行編目（CIP）資料

陪伴孩子高效學習：陳志恆心理師寫給父母的32個陪伴學習心法，幫助孩子找回讀書自信，掌握滿分策略/陳志恆著. -- 第一版. -- 台北市：遠見天下文化出版股份有限公司, 2023.05
面；　公分. -- (教育教養 ; BEP077)
ISBN 978-626-355-231-9 (平裝)

1.CST: 親職教育 2.CST: 學習方法 3.CST: 學習心理

528.2　　112007408

教育教養 BEP077

陪伴孩子高效學習

陳志恆心理師寫給父母的32個陪伴學習心法
幫助孩子找回讀書自信，掌握滿分策略

作者 — 陳志恆

總編輯 — 吳佩穎
人文館資深總監 — 楊郁慧
責任編輯 — 許景理
美術設計 — FE 設計 葉馥儀（特約）
封面攝影 — 有 fu 攝影專業形象照（特約）
插畫 — 小瓶仔（特約）
內頁排版 — 蔚藍鯨（特約）

出版者 — 遠見天下文化出版股份有限公司
創辦人 — 高希均、王力行
遠見．天下文化 事業群榮譽董事長 — 高希均
遠見．天下文化 事業群董事長 — 王力行
天下文化社長 — 王力行
天下文化總經理 — 鄧瑋羚
國際事務開發部兼版權中心總監 — 潘欣
法律顧問 — 理律法律事務所陳長文律師
著作權顧問 — 魏啓翔律師
社址 — 台北市104松江路93巷1號
讀者服務專線 — 02-2662-0012｜傳真 — 02-2662-0007；02-2662-0009
電子郵件信箱 — cwpc@cwgv.com.tw
直接郵撥帳號 — 1326703-6 遠見天下文化出版股份有限公司

製版廠 — 中原造像股份有限公司
印刷廠 — 中原造像股份有限公司
裝訂廠 — 中原造像股份有限公司
登記證 — 局版台業字第 2517 號
總經銷 — 大和書報圖書股份有限公司｜電話 — 02-8990-2588
出版日期 — 2023 年 5 月 31 日第一版第一次印行
2024 年 2 月 5 日第一版第六次印行

定價 — NT 480 元
ISBN — 978-626-355-231-9
EISBN — 9786263552432 (PDF)；9786263552425 (EPUB)
書號 — BEP 077
天下文化官網 — bookzone.cwgv.com.tw

天下·文化

BELIEVE IN READING